In der Reihe blv sport:

Bauer	Fußball perfekt: Vom Anfänger zum Profi
Brandl	Modernes Reiten: Schritt, Trab, Galopp
Brandl	Perfekter Reiten – Dressur, Springen, Military
Denk	Segeln: Klar zum A-Schein
Denk	Klar zum Regattasegeln
Held/Kreiß	Vom Anfänger zum Rennruderer
Hetz	Schwimmen lernen schnell + sicher
Kemmler	Perfektes Skitraining im Schnee + zuhause
Kemmler	Topfit durch Sport, Spiel und Gymnastik
Kimura	Judo für Anfänger + Kämpfer
Richter	Sicheres Tauchen - Ausrüstung, Technik, Tips
Schabert	Jazzgymnastik zum Mitmachen
Sklorz	Tischtennis – vom Anfänger zum Könner
Sturm/Zintl	Sicheres Klettern in Fels + Eis
Vorderwülbecke	Gymnastik + Spiel mit unseren Kleinen
Wocheslander	Kinder laufen leichter Ski
Wöllzenmüller	Skilanglauf – für Anfänger + Könner
Nordheim	das blv sport Lexikon in 2 Bänden: Sport international Disziplinen – Technik – Regeln

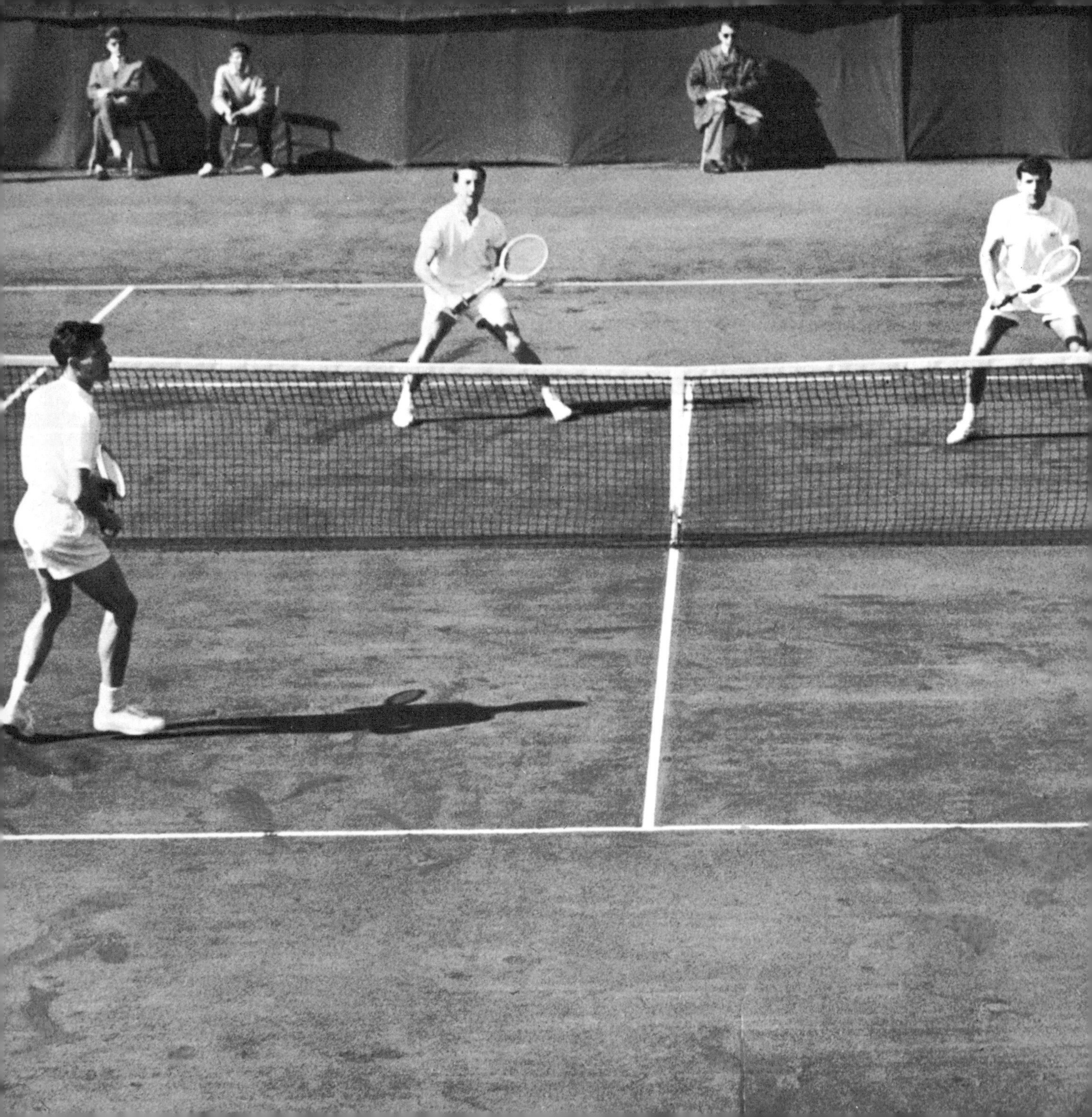

rico ellwanger

tennis - bis zum turnier spieler

4. völlig neubearbeitete Auflage

BLV Verlagsgesellschaft
München Bern Wien

Zum Autor:

Schon über 20 Jahre beschäftigt sich Rico Ellwanger mit Technik, Methodik und Training des Tennisspiels. Nach dem Sportstudium in München legte er 1953 die staatliche Tennislehrerprüfung und 1954 sogar die staatliche Skilehrerprüfung erfolgreich ab.
Seit 1957 ist der Autor als Diplom-Sportlehrer an einer Realschule in München tätig; dabei war er über 10 Jahre lang Fachberater für Sport. Auf Grund seiner intensiven Lehrtätigkeit im Tennis übt er auch die Funktion des Obmanns für Tennis an den Münchner Realschulen aus.
Sein Tennis-Lehrmeister war der bekannte Münchner Tennispädagoge Wackl Richter.
Alles, was Rico Ellwanger in diesem Buch beschreibt, hat er sich als Tennisspieler und Trainer in der Praxis erarbeitet und ebenso erfolgreich an seine vielen Schüler weitergegeben.

Titelbild: Max Mühlberger, München
Graphische Gestaltung:
Hellmut und Barbara Hoffmann

Satz: Georgi-Druck, Königsbrunn
Druck: Ernst Wartelsteiner, München
Buchbinder: Conzella, München

Printed in Germany · 1. Auflage 1971
ISBN 3-405-11490-X

Bildnachweis:

Max Mühlberger, München, S. 8, 54, 89, 104, 108
Horst Müller, Düsseldorf, S. 70, 81
Sport Scheck, München, S. 16, 20
Südd. Verlag, München, S. 2, 6
Sven Simon, München, S. 112, 116
Foto Werek, München, S. 53, 66, 103, 111
alle anderen Fotos und Bildreihen blv Archiv sport
(Foto Jürgen Kemmler, München)

Inhalt

PREVIOUS SETS
6 6 1 3
1 2 3 4
2 0 6 6
R.H.OSUNA
SETS GAMES POINTS
2
SERVER
2 1

Vorwort

Es ist erfreulich und begrüßenswert, daß ein Tennislehrer einer noch jungen Generation es sich zur Aufgabe gemacht hat, ein Buch über diese technisch schwierige und nicht leicht zu erlernende Sportart zu schreiben. Bekanntlich gibt es zahlreiche Tennislehrbücher: Einerseits werden sie von großen Tennisspielern herausgegeben, die darin ihre Spiel- und Turniererfahrung vermitteln wollen, andererseits existieren Lehrbücher, die sich in erster Linie mit der Tennismethodik befassen und sich daher mehr an den Tennislehrer wenden. Lehrbücher haben zwar oft den Anstrich des Doktrinären, sind dogmatisch im Schema und für viele zu kompliziert, vielleicht auch zu »grau« in der Theorie. So ist es nicht immer leicht, den darin gebotenen Stoff auf schnellstem Weg in die Praxis umzusetzen.
Dieses Buch soll – wie ich den Autor verstehe – kein wissenschaftliches Lehrbuch sein, eher ein leicht faßlicher Leitfaden. Es soll darin sowohl der Anfänger als auch der gute Spieler angesprochen werden und eine klare und systematische Anleitung finden.
Jedoch Tennislehrer Ellwanger ist es gelungen, in seinem Buch die kürzeste Brücke von der Theorie zur Praxis zu schlagen. Der Aufbau basiert auf Erkenntnissen moderner Schlagtechnik. Leicht verständliche Erläuterungen und anschauliches Bildmaterial werden methodisch sinnvoll nahegebracht.
Besonders wertvoll erscheint, daß der Autor, der auch Sportlehrer ist, auf die für das Tennis unerläßliche Harmonie zwischen schlagendem Arm und rhythmischer Gesamtbewegung des Körpers besonderen Wert legt.
Für Tennisanfänger und Fortgeschrittene sowie für Tennislehrer und solche, die es werden wollen, hat dieses Buch meine Empfehlung.

Willy Hannemann

Einleitung

Hans-Jürgen Pohmann/Jürgen Faßbender freuen sich nach einem Sieg im Doppel.

Tennis ist vom »Sport für die oberen 10000« allmählich zu einem sehr beliebten Breitensport geworden. Man hat in den letzten Jahren mehr und mehr erkannt, daß Tennis eine wunderbare Ausgleichsbetätigung für die tägliche Arbeit ist. Man findet in diesem Ballspiel die wichtigsten Gymnastik-Bewegungen wie: Rumpfbeugen – Drehen – Strecken – Kräftigung der Bauch-, Rücken-, Arm- und Beinmuskulatur – Starten – Laufen u.s.w. Ferner kann man dieses Spiel in jedem Alter erlernen und vor allem bis ins hohe Alter ausüben. Wer jedoch glaubt, er braucht sich nur hinzustellen, einen Schläger und ein paar Bälle in die Hand zu nehmen und zu spielen, der irrt gewaltig. Tennis gut zu erlernen, ist nicht einfach und braucht seine Zeit. Die Schwierigkeit kann man natürlich nicht auf den ersten Blick erkennen; erst, wenn man sich näher damit befaßt, wird man sich darüber klar. Man hat einen Schläger

mit langem Stiel und noch dazu einen Ball, der immer anders springt: hoch, flach, seitlich links und rechts, kurz und lang. Es entsteht also dauernd eine neue Situation für den Anfänger.
Nicht nur, daß ihm das ungewohnte Gewicht und die Ausmaße des Schlägers Schwierigkeiten bereiten, auch die Entfernung zum Ball stellt ihn am Anfang vor eine schier unlösbare Aufgabe. War die Länge seiner Arme bis jetzt das Maß der richtigen Entfernung zum Ball (beim Ballfangen), so muß er sich nun enorm umstellen, denn der Arm wird durch den Tennisschläger verlängert. Diese neue Entfernung intuitiv zu erfassen, stellt eines der Hauptprobleme für den Tennisanfänger dar. Das Bewegungsgefühl und das Auge müssen speziell für diesen Zweck geschult werden; etwas Ballgefühl ist unbedingt notwendig. Über diese auftretenden Schwierigkeiten sollte jeder, der sich dazu entschlossen hat, dieses Spiel zu erlernen, Bescheid wissen. Diese Worte sollen nicht abschrecken, sondern sie sollen aufklären, daß viel Ausdauer und eiserner Wille unerläßlich sind für die Erlernung des Tennisspiels. Man darf sich nicht entmutigen lassen, wenn man manchmal das Gefühl hat, daß überhaupt kein Fortschritt erreicht worden ist.
Dieses Gefühl oder diesen toten Punkt kennt man auch bei anderen Sportarten. Da nun dieses Spiel technisch so schwierig ist, wäre es wünschenswert, daß Kinder bereits mit 5–6 Jahren zu diesem Spiel hingeführt werden.
Nicht das Ballspielen über das Netz soll in diesem Alter den Vorrang haben, sondern die Gewöhnung an das Gerät und die Umgebung (Platz) und das Gefühl für den Ball. Es gibt eine Menge kindlicher Spielformen auf dem Tennisplatz, die dieser Forderung Rechnung tragen: Prellen des Balles nach unten – Hochspielen des Balles und dabei gehen oder laufen. Geschicklichkeitsübungen mit Schläger und Ball: Ballspielen an den Zaun, an die Mauer oder an die Wand; Ballzuspielen ohne Netz. All diese Übungen sind bestens geeignet, Kindern ein Gefühl für dieses Spiel zu vermitteln. Selbstverständlich unter Anleitung eines Betreuers, der jedoch der Verspieltheit der Kinder freien Lauf lassen soll. Erst nach und nach sollten die Kinder das Tennisspiel mit Technik, Taktik und Methodik erlernen. Hier gilt es nun, eine Methode zu finden, die dem kindlichen Alter angepaßt ist. Minischläger, kleineres Spielfeld und niedrigeres Netz können sicher ein wesentlicher Beitrag für eine kindgemäße Tennismethode sein.
Da es aber viele Menschen gibt, die erst später zum Spiel mit dem »weißen Ball« finden, ist es unbedingt notwendig, diesem Kreis eine klare Anleitung zu geben.

Der Tennisplatz

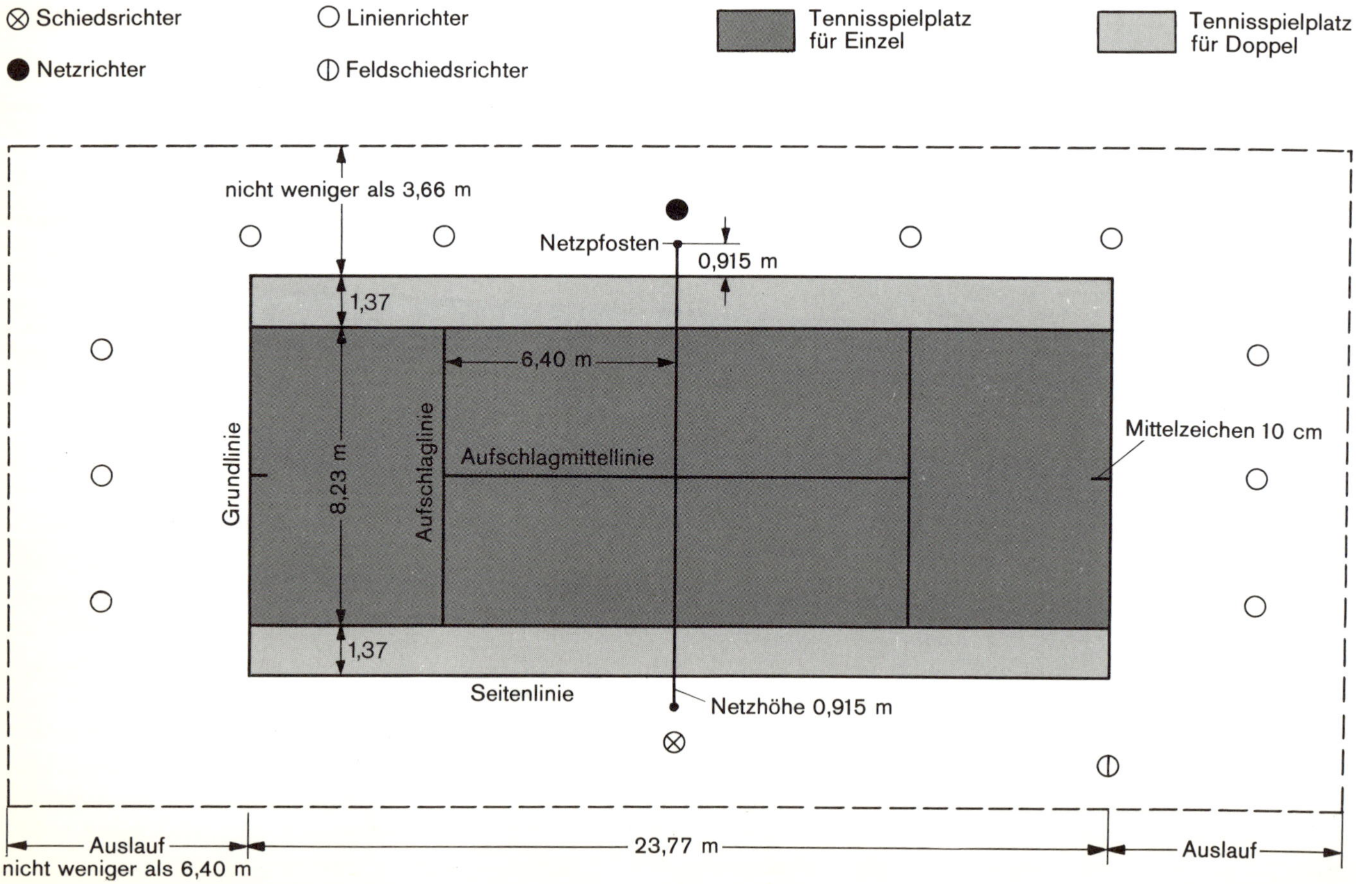

Ausrüstung

Bevor die einzelnen Schläge behandelt werden, sind ein paar Worte zur zweckmäßigen Ausrüstung zu sagen. Es ist auf jeden Fall zu empfehlen, sich bei Ausrüstungsfragen von einem Tennislehrer oder Fachmann beraten zu lassen.

Tennisschläger

Der Tennisschläger ist der wichtigste Ausrüstungsgegenstand. Ein Schläger besteht aus dem Rahmen, dem Stiel mit Griff und der Bespannung. Hier sollte man nicht an Geld sparen.

Rahmen

Der Tennisschläger ist der verlängerte Arm des Spielers. Er muß alle Schlagbewegungen möglichst exakt auf den Ball übertragen.
Der beim Treffen des Balles auftretende Schlag soll vom Rahmen elastisch abgefedert und die Schwingungen sollen möglichst gut gedämpft werden.

Holzschläger erfüllen diese Forderung sehr gut, während die meisten Metallschläger zu unelastisch sind und zusammen mit der geringeren Schwingungsdämpfung die Armmuskulatur und das Hand- und Ellbogengelenk belasten. Für den Metallschläger spricht der schlanke Rahmenquerschnitt und der damit verbundene geringe Luftwiderstand, der eine sehr schnelle Schlagbewegung zuläßt.
Seit einigen Jahren aber gibt es neu entwickelte Kunststoffschläger mit erstaunlichen Spieleigenschaften. Besonders die Vollkunststoffschläger aus Epoxi-Glasfiber mit Hartschaumkern sind sehr elastisch und vibrationsarm und damit sehr armschonend; sie sind außerdem leichter und in der Ballbeschleunigung explosiver. Vollkunststoffschläger sind zwar etwas teuerer, aber schon die wesentlich längere Lebensdauer rechtfertigt den höheren Preis.

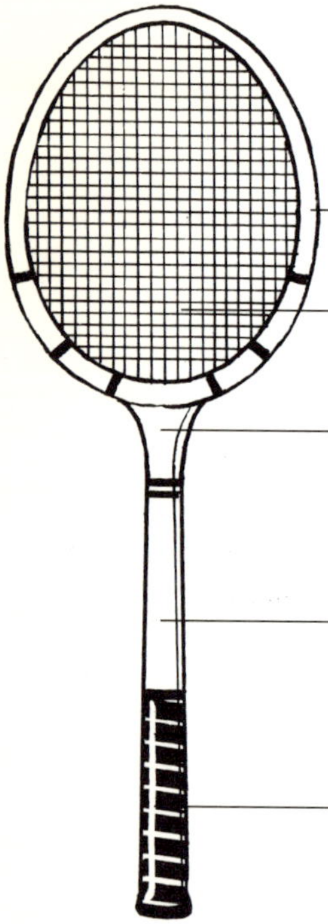

Bespannung

Die Bespannung des Schlägers soll elastisch und nicht zu hart sein. Es gibt dafür Darmsaiten (natur) und Kunstsaiten (synthetisch). Die Darmsaite ist dehnbarer und nimmt den Ball weicher auf als die Kunstsaite, sie ist jedoch gegen Feuchtigkeit sehr empfindlich. Kunstsaiten sind nicht so geschmeidig wie Darmsaiten, haben aber den Vorteil, daß man sie bei feuchter Witterung ohne Gefahr des Reißens benützen kann. Ideal ist es, wenn man zwei Schläger besitzt; einen für gutes Wetter und einen für schlechteres Wetter.

Sehr wichtig ist die **Härte** der jeweiligen Bespannung. Diese kann mittels einer Maschine gemessen werden, deren Skala im allgemeinen von 12 kg–30 kg reicht!

Grundsätzlich gilt folgendes:

Darmsaite Je dünner die Saite ist, desto härter kann die Bespannung sein. Es ist jedoch ratsam, den Schläger nur mittelhart (bis 22 kg) zu bespannen, da sonst die Saite prellt und der Arm darunter leidet.

Kunstsaite Eine Kunstsaite muß mit weniger Gewicht (weicher) eingezogen werden, da sie sonst unelastisch und stumpf wird. Hierin liegt die Gefahr für einen sog. »Tennisarm«!

Es gibt verschiedene Ursachen für einen »Tennisarm«:

- Zu harte Bespannung,
- alte, weiche Bälle, die kaum mehr springen,
- ein Schläger, der im Herz zu weich ist und beim Schlagen zu sehr nachgibt,
- schlechtes Treffen des Balles.

Die Folgen sind jedoch immer die gleichen. Zunächst verkrampft sich der Muskel des Unterarmes und zieht sich zusammen. Durch diese Verkürzung des Muskels entsteht im Laufe der Zeit eine Knochenhautentzündung am Muskelansatz, die nach und nach auf das Gelenk übergreift. Viel Wärme und bewußt lockeres Weiterspielen sind die beste Therapie gegen den Tennisarm, der oft sehr langwierig und schmerzhaft sein kann. Näheres erfahren Sie über Tennisverletzungen auf Seite 119.

Wichtig ist ferner beim Schlägerkauf, daß man sich die richtige Griffstärke und das passende Schlägergewicht aussucht.

Die wichtigsten Ausrüstungsgegenstände – Tennisschläger und Bälle.

Griffstärke

Die Griffstärke richtet sich nach der Größe der Hand.
Faustregel: Man soll den Schläger mit der Hand fest umklammern können; Daumen und Zeigefinger sollen sich beim Schließen der Hand gerade noch berühren. Die Griffstärken sind genormt und haben englische Maße: Nr. 2 3 4 5 6 7 8 9 10.

Gewicht

Bei einem Mann soll das Gewicht des Schlägers in der Regel 13½ Unzen = 385 g oder 14 Unzen = 403 g betragen. Bei einer Frau zwischen 12 Unzen und 13½ Unzen. Bei Kindern richtet sich das Gewicht des Schlägers nach Alter und Konstitution. Bislang gab es nur den sog. Juniorschläger. In neuerer Zeit hat man aber sehr gute Erfahrungen mit dem sog. Kurzschläger, Minischläger genannt, gemacht. Es gibt für Kinder drei verschiedene Arten: den ganz kurzstieligen (Griff direkt am Schlägerkopf), den mittellangen und den Normalschläger. Mit diesen Kurzschlägern können Kinder leichter schwingen, da die Hebelwirkung des langen Schlägerstieles wegfällt. Außerdem hängt das Handgelenk nicht so leicht nach unten und gewöhnt sich allmählich an die Belastung (Stärkung im Handgelenk). Nach kurzer Zeit kann der Schläger mit mittellangem Griff und später der normale Kinderschläger verwendet werden. Die Umstellung vom Minischläger zum Normalschläger wird so nicht sehr schwer sein. Der richtige Zeitpunkt für den Schlägerwechsel soll jedoch möglichst von einem Tennislehrer bestimmt werden. Diese Methode des Kurzschlägers läßt sich übrigens auch im Anfängerunterricht für Erwachsene verwenden; erfahrungsgemäß sollte man nicht zu lange bei den Minischlägern bleiben. Der Anfänger sollte spätestens am Ende der Grundschule beim Normalschläger angelangt sein.

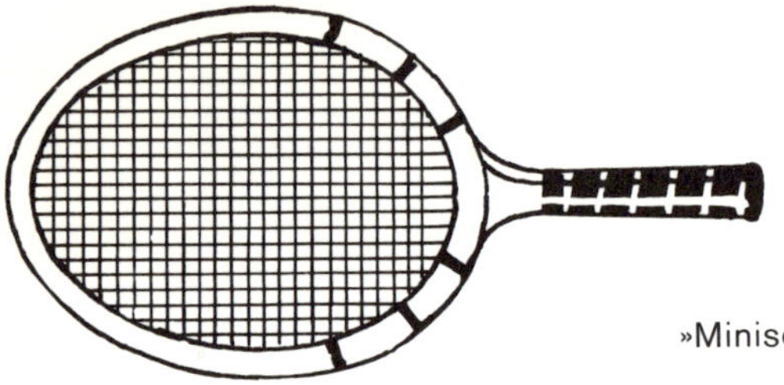

»Minischläger«

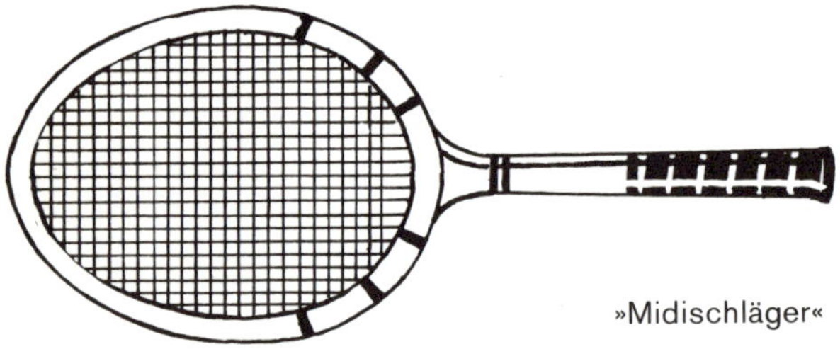

»Midischläger«

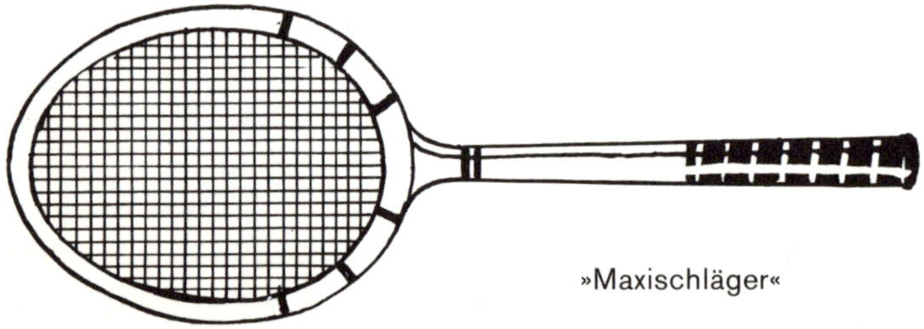

»Maxischläger«

Bälle

Die Bälle sollen zum Lernen möglichst neu sein und vor allem gleichmäßig springen. Dadurch kann man sich besser an einen gleichbleibenden Rhythmus gewöhnen. Sie dürfen nicht älter als zwei Monate sein; ob gespielt oder ungespielt, da sonst die Sprungfähigkeit nachläßt.

Schuhe

Die Schuhe sollen leicht und geschmeidig sein. Darüber hinaus sind eine gute Paßform sowie eine Gelenkstütze wichtig. Die Sohle muß rutschfest und widerstandsfähig sein. Unbedingt erforderlich sind Schuhe, in denen sich Luftlöcher befinden, damit die Füße besser atmen können. Wünschenswert wäre es, daß jeder Tennisspieler **2 Paar Schuhe** besitzt; nur so hat man, wenn man viel spielt, immer trockene und hygienische Schuhe! Die Farbe ist selbstverständlich weiß. Da in den vergangenen Jahren sehr viele Hart- oder Bitumenplätze entstanden sind, haben sich einige Schuhfirmen Gedanken gemacht, wie man dem härteren Auftreten auf diesen Böden wirkungsvoll begegnen kann. Durch dickere und elastischere Sohlen wird der Aufprall wesentlich herabgesetzt.

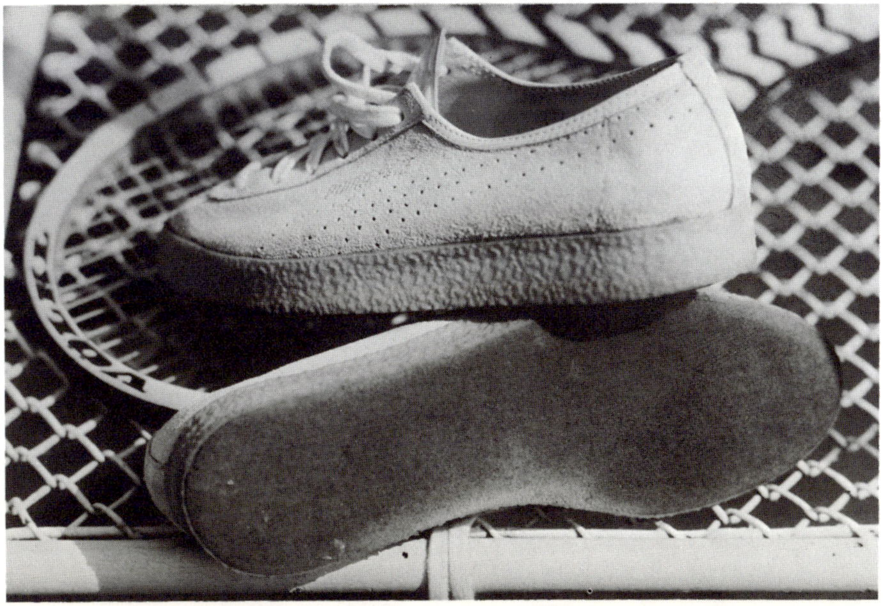

Kleidung

Die Tenniskleidung ist traditionsgemäß weiß. Wie jede Sportkleidung, so soll auch die Tenniskleidung bequem sein und viel Bewegungsfreiheit gewährleisten. Es setzt sich jedoch immer mehr durch, daß auf dem Tennisplatz in bunter Kleidung gespielt wird. Diese Mode haben die »Großen auf dem Centre Court« geprägt. Ich halte jedoch »Weiß« nach wie vor für sinnvoller und zweckmäßiger gegen Hitze.

Zur Tenniskleidung gehören:

- Tennishemd – T-Shirts
- Shorts – Rock – lange weiße Hose
- Tenniskleid – weiße Trainingshose
- Pullover – weiße Trainingsjacke
- Socken aus Wolle oder Orlon.

Schuhe: Spezialschuhe für Hartböden, deutlich sichtbar die dicke, federnde Sohle.

Technik und Methodik des Tennis

Da man beim Tennisspielen leicht ins Schwitzen kommt, auf schweißsaugendes Material Wert legen!
Bei starker Hitze und vor allem bei intensiver Sonnenbestrahlung ist es zweckmäßig, einen Sonnenhut oder eine Mütze zu tragen. Am besten ist ein Material aus leichtem, weißen Leinen. Zum Abtrocknen des Schweißes hat sich ein Handtuch besser bewährt als Schweißbänder.

Ausschnitt aus einem Tennisjugendkurs auf der Sport-Scheck-Allwetteranlage:
Eine Anfängergruppe übt gerade den Aushol- und Vorschwung des Vorhandschlages ohne Ball.

Die gesamten technischen Einzelheiten des Tennisspiels werden noch genauer erklärt. Es gilt hier nur, den Gesamtbegriff Technik und Methodik allgemein zu erläutern.

Technik im Sport, im täglichen Sprachgebrauch auch »Stil« genannt, darunter verstehen wir: die persönlich geprägte Art und Weise der Ausführung sportlicher Bewegungen, in der höchste Leistungen mit hoher technischer Meisterschaft und unter Einsatz der allseitig entwickelten Persönlichkeit vollbracht werden (Meinel).
Unter Technik versteht man allgemein die mehr oder weniger gekonnte Ausführung bestimmter Bewegungen. Man muß sich dazu bestimmte Bewegungsfertigkeiten aneignen, die einem dazu verhelfen, mit geringstem Kraftaufwand Höchstleistungen zu vollbringen. Diese Fertigkeiten kann man wiederum nur mit zielstrebigem Training erlangen.
Die **Methodik** des Tennis beinhaltet die Lehrweise des Tennisspiels, d. h. man versteht darunter die Art und Weise, wie man einem Schüler das Tennisspiel beibringt.
Das Buch versucht, unter Berücksichtigung methodischer Grundsätze, die Technik, also alle Schlagarten, die man im Tennis anwendet, aufzuzeigen.
Im Tennis unterscheidet man: Grundschläge (Anfänger) – Verbindungsschläge (Fortgeschrittene) und Spezialschläge (Turnierspieler).

Grundschläge

Dazu gehören: Vorhandschlag – Rückhandschlag (im weiteren Verlauf nur Vorhand und Rückhand genannt) und Aufschlag.
Die Grundschläge sind die ersten Schlagarten, mit denen ein Tennisanfänger vertraut gemacht wird. Hier erfährt er zum ersten Male, wie er den Schläger in die Hand nehmen

Grundschlag (Anfänger)

Exakter Führungsschwung beim Rück-
handgrundschlag.
Typische Schlägerhaltung beim Ansatz zu einem Vorhand-Flugball.
Endphase beim Vorhand-Topspin: stark nach vorne gekippter Schläger.

Verbindungsschlag (Fortgeschrittener)

Spezialschlag (Turnierspieler)

muß und wie er schwingen soll. Abstand zum Ball und Treffpunkt des Balles werden ihm dabei erklärt. Begriffe wie Seitstellung – Ballführen – Ballanschauen tauchen auf und werden dem Schüler geläufig gemacht. Bei den Grundschlägen wird der Ball **gerade** getroffen und geschlagen. Sie sind die unbedingte Voraussetzung zum Erlernen aller weiteren Schlagarten.

Verbindungsschläge

Dazu gehören: Flugball (Volley) und Schmetterball (Smash). Die Verbindungsschläge, der Name sagt es schon, stellen die Verbindung zwischen Grundschlägen und Spezialschlägen her. Dabei wird der Tennisschüler, der schon eine gewisse Erfahrung hat und bereits im Lehrstoff fortgeschritten ist, mit der Tatsache konfrontiert, daß der Ball nicht mehr aufspringen darf. Er lernt, wie er den Ball aus der Luft schlagen kann und welche Folgen daraus entstehen. Man bringt ihm bei, daß die Bälle schneller werden und zurückkommen, da das Spielfeld verkürzt ist. Er ist also gezwungen, einen schnelleren und kürzeren Schlagrhythmus zu finden und sich auf die entsprechenden Gegebenheiten einzustellen. Die Verbindungsschläge stellen einen wesentlichen Bestandteil der Tennislehre dar, denn durch sie kann man fortan das Spiel schneller und erfolgreicher gestalten. Diesen Schlägen wird man viel Zeit und Aufmerksamkeit schenken müssen, um ein guter Spieler zu werden.

Spezialschläge

Dazu gehören: Halbflugball (Halfvolley) – Hochball (Lob) – Volley-Lob – Kurzball (Stop) – Volleystop – unterschnittener Ball (Slice) – Volley-Slice – Aufschlag-Slice – überzogener Ball (Topspin) – Volley-Topspin und Aufschlag-Topspin.

Die Spezialschläge vervollkommnen die Technik des Tennisspiels und gehören zusammen mit in den taktischen Bereich des Wettkampfes oder Turniers. Durch das Beherrschen dieser Schläge hat ein Wettkämpfer die Möglichkeit, das Spiel variabler und abwechslungsreicher zu gestalten. Er kann somit seinen Gegner aus dem Rhythmus oder wie man so schön sagt: »aus dem Schlag« bringen. Ferner wird er für jeden ankommenden Ball eine Antwort parat haben, denn er kann ja bereits alle Schläge. Er besitzt die Fähigkeit, den Ball gerade zu schlagen, ihn zu überziehen oder zu unterschneiden. Er kann den Ball in jeder Lage aus der Luft als Volley schlagen oder ganz plötzlich, weil es die Situation erfordert, den Ball kurz oder hoch spielen. Er verfügt über verschiedene Aufschlagarten und ist somit tonangebend.
Er wird dadurch zum »Meister«, zum Wettkämpfer und Turnierspieler, der nur sehr schwer zu bezwingen ist.

Anfänger

Anfänger (Kinder) üben unter Anleitung eines staatl. geprüften Tennislehrers die richtige Schlägerführung.

Der Anfänger befindet sich in dem Stadium, in dem er die meisten Eindrücke und Neuheiten aufnehmen und verarbeiten muß. Es ergeben sich nicht nur für ihn, sondern auch für den Lehrer oder Trainer echte Probleme, die gelöst werden müssen.

Für den Schüler:

Der Schüler wird sich in erster Linie einmal an die neue Umgebung (Tennisplatz) und an das Gerät (Schläger und Ball) gewöhnen müssen. Lange Erklärungen, zahlreiche Korrekturen werden ihm den Anfangsunterricht zunächst vielleicht langweilig erscheinen lassen.
Gerne neigt man dazu, aus diesem Grunde einen Tennislehrer zu umgehen und sich selbst, wild und ungestüm, dieses Spiel beizubringen.
An dieser Stelle sei nochmals gesagt, daß es unbedingt ratsam ist, am Anfang einen **Tennislehrer** zu nehmen, um so rascher vorwärts zu kommen.

Kein anderer als der Tennislehrer beherrscht das genaue Zuspielen der Bälle besser, das gerade für den Anfänger so wichtig ist. Denn so kann er langsam einen gewissen Schlagrhythmus finden und all die wichtigen Bewegungserfahrungen über: Ausholen – Vorschwung – Balltreffen und in Stellung gehen – in Ruhe sammeln. Es ist vollkommen unsinnig, wenn zwei Anfänger gegeneinander spielen; sie machen mehr kaputt als gut und verlieren bald die Freude an diesem Spiel. Aus dem gleichen Grunde sollten im Anfängerstadium auch nie Männer mit Frauen üben, denn der Mann ist von Natur aus der Kräftigere und wird deshalb den Ball immer schneller schlagen. Es sei noch erwähnt, daß es sehr unklug ist, wenn Anfänger Wettspiele austragen, da ihre Fertigkeiten und die Technik der Schläge noch nicht ausgereift sind. Durch den übereifrigen Einsatz beim Spiel vergißt man unbewußt alle Regeln und gewöhnt sich schnell unangenehme und nicht so rasch wieder auszumerzende Fehler an.

Für den Lehrer:

Wie bringt man einem Schüler am schnellsten und einfachsten das Spiel mit dem weißen Ball bei? Die Methodik und daraus die richtige Technik für den Schüler stellen ihn vor eine zwar dankbare aber auch schwierige Aufgabe. Man wird sich am besten an die allgemein gültigen Richtlinien der »Methodik im Sport« halten. Das heißt: einfach und chronolog eine Bewegung aufbauen. In unserem Falle, bei einem Tennisanfänger, würde das bedeuten, daß man nach eingehender Erklärung Einzelbewegungen – Ausholen – Vorschwung – zunächst ohne Ball und später mit Ball üben läßt. Selbstverständlich das Ganze aus dem Stand in Seitstellung. Nach und nach werden dann die Einzelbewegungen aneinandergereiht und in ihrer Gesamtheit ausgeführt. Durch zielstrebiges Training wird man eine gewisse Sicherheit der Bewegungen erreichen und kann später dazu übergehen, die Schlagformen aus dem Gehen und Laufen so lange zu trainieren, bis sie einigermaßen gefestigt sind. Dies gilt natürlich gleichermaßen für Vorhand und Rückhand und danach für den Aufschlag. Oberstes Gebot soll dabei sein, daß sich ein Lehrer oder Trainer nicht bei jedem Schüler stur an das gleiche Konzept hält, sondern daß er flexibel ist und sich dem Lernenden anpaßt. Es ist enorm wichtig, daß er versucht, die wesentlichen Fehler zu erkennen und dann zu korrigieren. Und vor allem, daß er sich bemüht, methodische Hilfen zu erfinden, um dem Tennisschüler über diese Hindernisse hinwegzuhelfen. Kurzschläger als Lernschläger, Kleinfelder, niedrigere Netze usw. werden wesentlich zum Lernerfolg beitragen.

a
b
c
e
f
g
i
j
k

d

h

Vorhandschlag

Technik

Geht man von der Voraussetzung aus, daß beim Tennis der Schlägerstiel die Verlängerung des Armes und die Schlägerfläche die Vergrößerung der Hand darstellen, so wird der Vorhandschlag mit der Innenhandfläche ausgeführt.

Vorhand-Grundschlag (Bildreihe):

a–f Ausholschwung und in Stellung gehen: Gewicht auf dem hinteren Bein.

g–h Vorschwung: Gewicht auf dem vorderen Bein.

i Vorschwung: Moment des richtigen Balltreffens (Schläger parallel zum Netz)

k–l Endphase des Vorschwunges: lange, exakte Schlägerführung.

Grundstellung: Schläger genau in der Mitte vor dem Körper. ▶

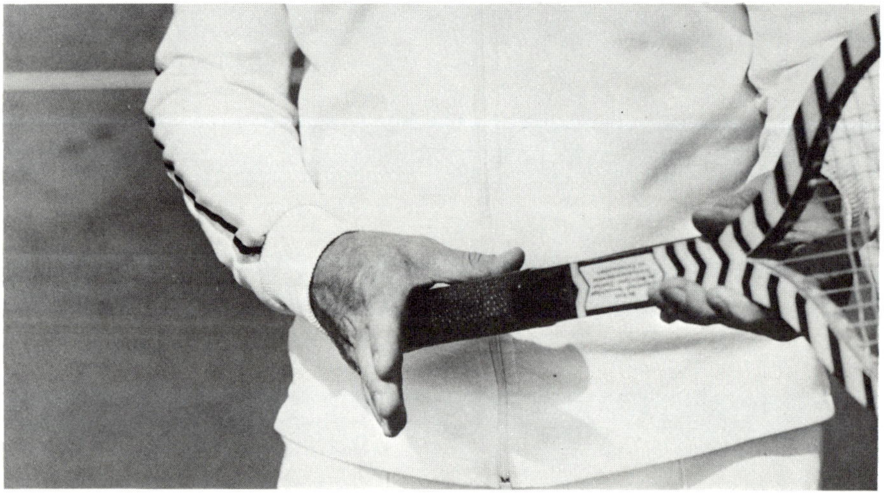

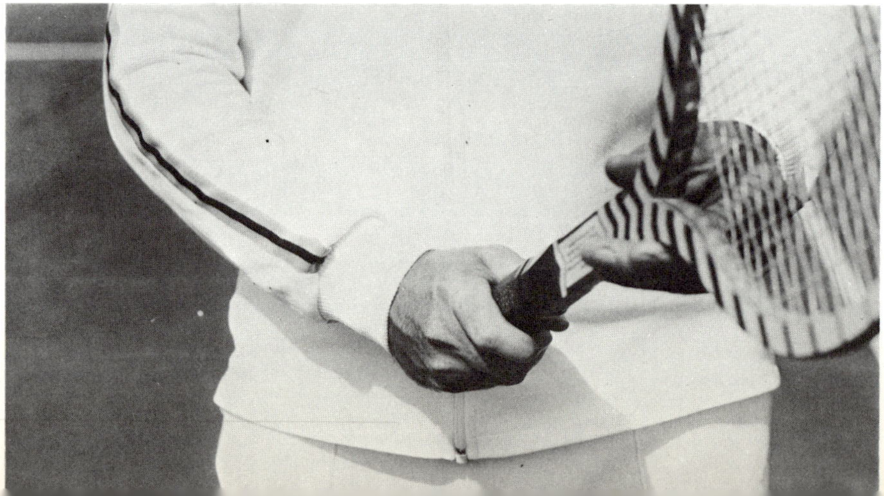

Griffhaltung (Vorhandschlag): Schlägerhaltung in der Nichtspielhand.

Griffassen: so wird der Schläger in die Spielhand gelegt.

Griffhaltung von hinten: deutlich zu sehen, wie die Mittelhandknochen auf der Breitseite des Schlägergriffes liegen.

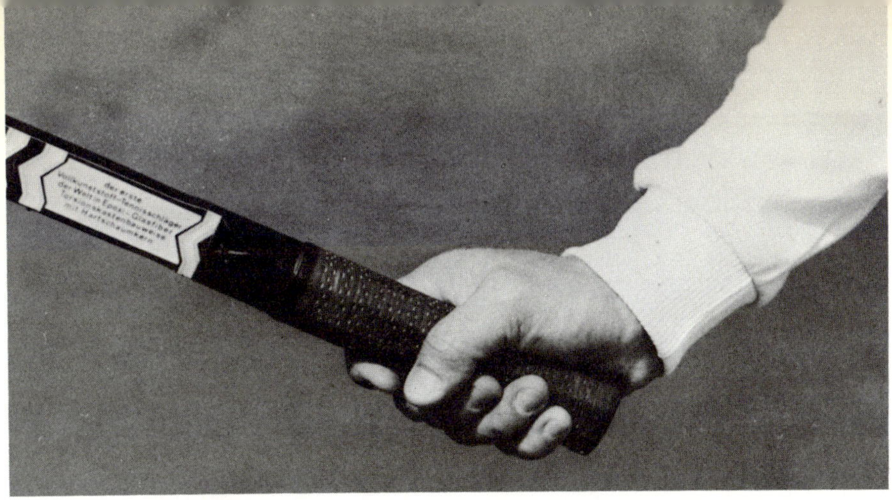

Griffhaltung von vorne: die Finger umgreifen fest den Schlägergriff.

Griffhaltung Der Schläger wird von der nichtspielenden Hand so in die Spielhand gelegt, daß die Mittelhandknochen einen starken Druck auf die **Breitseite** des Schlägergriffes ausüben. Dadurch ist ein kräftiger Druck nach vorne zum Ball hin möglich (Widerstand beim Balltreffen). Der Schlägerkopf soll immer über dem Handgelenk etwa in Hüfthöhe sein.

Griffhaltung beim Vorhandgrundschlag: Schlägerkopf ist über dem Handgelenk.

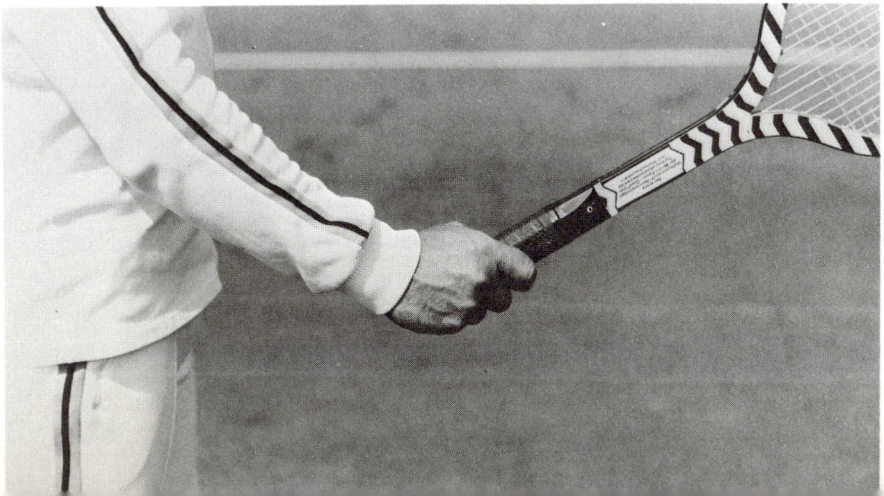

a

b

c

d

e

f

g

h

i

j

k

l

◀ Technisch ausgefeilte Vorhand mit Ball (Bildreihe):

a–d Ellipsenförmiger Ausholschwung aus dem Ellenbogengelenk und in Stellung gehen: Gewicht auf dem hinteren Bein.

e Ende des Ausholschwunges und bereits Übergang zum Vorschwung: Gewicht kommt zugleich auf das vordere Bein.

f– h Vorschwung vor dem Balltreffen: Gewicht auf dem vorderen Bein.

i Vorschwung genau im Moment des Balltreffens: Schläger parallel zum Netz – Ball in der Schlägermitte und am höchsten Punkt getroffen.

j– l Endphase des Vorschwunges: lange Schlägerführung hinter dem abgeschlagenen Ball.

Seitstellung zum Ball: linke Schulter und linkes Bein zeigen zum Netz. ▼

Seitstellung zum Ball: lockere und natürliche Arm- und Beinhaltung.

Stellung zum Ball Man steht seitlich zum Netz; d. h. beim Rechtshänder zeigt das linke Bein zum rechten Netzpfosten; beim Linkshänder umgekehrt. Die linke Schulter und Hüfte drehen ebenfalls nach rechts (In der Folge wird bei der Erklärung nur von Rechtshändern ausgegangen). Das Gewicht ist auf das vordere Bein verlagert, die Knie sind locker gebeugt. Der Oberkörper wird ein wenig nach vorne geneigt.

a

b

c

d

e

f

Schwungbewegung Die Schwungbewegung zerfällt in zwei Phasen: Ausholschwung und Vorschwung.
Ausholschwung Mit der Schlägerfläche beginnend, soll man nach hinten ausholen; der Ausholschwung soll gradlinig und nicht zu **lang** sein (etwa zwischen Knie und Hüfte – höchstens in Form einer kleinen Ellipse). Dadurch ist der direkte und kürzeste Weg zum Ball gewährleistet. Das Gewicht ist beim Ausholen auf dem hinteren Bein. Die Ausholhöhe richtet sich nach der Höhe des aufspringenden Balles.

Ausholschwung beim Vorhandschlag: Ausholbewegung: Beine und Schulter drehen nach rechts, das Gewicht lastet auf dem hinteren Bein.

Endphase des Ausholschwunges und Übergang zum Vorschwung: Gewichtsverlagerung nach vorne (Koordination Arm – Beine – Körper).

Vorschwung Ebenfalls mit der Schlägerfläche beginnend, soll der Vorschwung **sehr lange** und seitlich hinter dem Ball erfolgen. Man soll lange in die Flugbahn des abgeschlagenen Balles ausschwingen (Führen des Balles). Hilfen dafür sind: Zur linken Schulter oder zum linken gestreckten Arm nach vorne oben ausschwingen.
Das Gewicht ist beim Vorschwung besonders stark auf dem vorderen Bein. Der Armschwung und die Mitbewegung des Körpers sollen ineinander übergehen (koordiniert werden).

a

b

c

d

e

f

Vorschwung beim Vorhandschlag:
Vorschwung vor dem Balltreffen: Druck auf dem vorderen Bein.

Vorschwung nach dem Balltreffen: lange Führungsbewegung des Schlägers; starker Druck auf dem vorderen Bein.

Seitstellung und Entfernung zum Ball:

Seitstellung: zu weit vom Ball entfernt, unnatürliche, steife Armhaltung.

Seitstellung: zu nahe am Ball; deshalb ist der Schläger zu nah am Körper.

Balltreffen Der Ball soll nach dem Aufsprung im Aufsteigen getroffen werden. Idealfall für das Treffen ist, wenn der Ball den höchsten Punkt erreicht hat. An diesem Punkt ist nämlich der Ball am ruhigsten. Ferner soll man den Ball mit zum Boden senkrechter Schlägerfläche, etwa in Höhe des vorderen Beines, treffen (Schläger parallel zum Netz); dabei soll der Arm weder gestreckt noch angewinkelt sein. Also ganz natürlich geführt werden (vgl. Schneiden mit dem Messer, Schreiben mit dem Bleistift, Schlagen mit dem Hammer). Im Moment des Balltreffens soll das Handgelenk nicht verdreht werden (gerader Schlag). Bei all den aufgeführten Punkten ist sehr wichtig, daß man den Ball genau und lange anschaut. Man hat den Ball dann erst richtig angeschaut, wenn man ihn bereits sieht in dem Augenblick, wo er vom Schläger des Gegners weggeht und man ihn verfolgt, bis zum Treffpunkt am eigenen Schläger.

Typische Fehler

- Falsche Griffhaltung
- Zu dicht am Ball stehen
- Zu spätes Ausholen
- Zu wenig Führung
- Schläger hängen lassen
- Zu frühes oder zu spätes Balltreffen
- Offene Stellung
- Laufen während des Schlages
- Lockeres Handgelenk beim Treffen des Balles
- Abdrehen der Schulter vor dem Balltreffen
- Zu wenig Ausholschwung
- Ball nicht lange genug angeschaut

Seitstellung: richtiger Abstand zum Ball; Armhaltung ganz natürlich.

a
b
c
e
i
f
j
g
k

d

h

Rückhandschlag

Technik

Der Rückhandschlag wird mit der Rückseite der Hand geschlagen. Daraus ergibt sich eine andere Griffhaltung als bei der Vorhand.

Rückhand-Grundschlag (Bildreihe):

a–d Ausholschwung und in Stellung gehen: Gewicht auf dem hinteren Bein.

e Beginn des Vorschwunges: Gewicht bereits auf dem vorderen Bein.

f– h Vorschwung bis zum Balltreffen: starker Druck nach vorne von Schläger und Körper gleichzeitig.

i– k Vorschwung nach dem Balltreffen: Führungsschwung.

l Endphase: langer Vorschwung.

Grundstellung beim Rückhandschlag

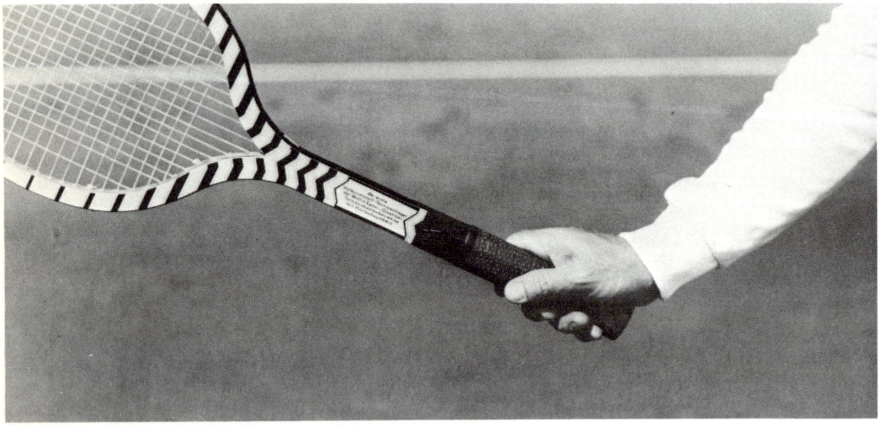

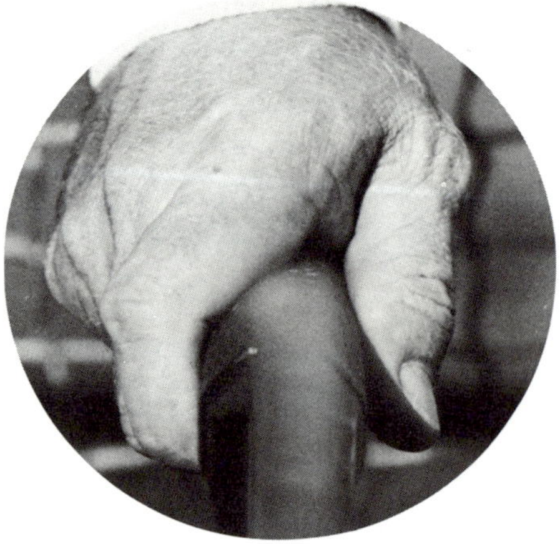

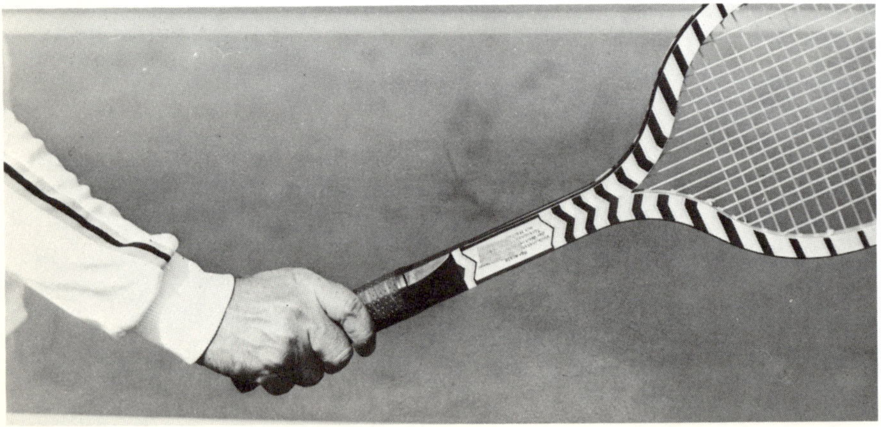

Rückhandgriff von hinten: deutlich zu sehen der Daumendruck auf der Breitseite des Schlägergriffes.

Rückhandgriff von vorne: Schlägerkopf über dem Handgelenk.

Rückhandgriff von oben gesehen.

Seitstellung zum Ball: natürliche Arm-, Bein- und Körperhaltung.

Griffhaltung Bei der Vorhand erfolgt der **Druck** der Mittelhandknochen auf die Breitseite des Schlägergriffes, bei der Rückhand jedoch vom **Daumen** zur Breitseite. Es erfolgt also eine Drehung im Handgelenk. Sehr wichtig: Das Handgelenk soll immer hinter dem Schlägergriff sein, die Schlägerfläche über dem Handgelenk (angewinkeltes Handgelenk). Die Finger müssen den Schlägergriff fest umschließen, damit sich der Schläger nicht verdrehen kann.

Stellung zum Ball Man steht seitlich zum Netz, jedoch umgekehrt wie beim Vorhandschlag. Beim Rechtshänder zeigt das rechte Bein zum linken Netzpfosten; beim Linkshänder umgekehrt. Die rechte Schulter und Hüfte drehen ebenfalls nach links. Sonst ist alles wieder entsprechend dem Vorhandschlag: Das Gewicht ist auf das vordere Bein verlagert, die Knie sind locker gebeugt. Der Oberkörper ist ein wenig nach vorne geneigt.

a

d

b

e

c

f

Schwungbewegung Wie beim Vorhandschlag zerfällt die Schwungbewegung in zwei Phasen: in die Aushol- und Vorschwungbewegung.

Ausholschwung Mit der Schlägerfläche beginnend, soll man nach hinten ausholen; der Ausholschwung soll geradlinig und nicht zu lang sein. (etwa zwischen Knie und Hüfte – höchstens eine kleine Ellipse). Dadurch ist der direkte und kürzeste Weg zum Ball gewährleistet.

Ausholschwung beim Rückhandschlag:
a Grundstellung
b Beginn der Ausholbewegung und Beinedrehen.
c–e Ausholschwung: Beine und Schulter drehen nach links zum Netz, das Gewicht befindet sich auf dem hinteren Bein.
f Endphase des Ausholschwunges und bereits beginnender Vorschwung.

Hilfe: Mit der freien Hand den Schläger am Schlägerherz mitführen, damit der Kopf nicht nach unten hängt.

Vorschwung Ebenfalls mit der Schlägerfläche beginnend, soll der Vorschwung sehr lange sein und seitlich hinter dem Ball erfolgen. Man soll lange in die Flugbahn des abgeschlagenen Balles ausschwingen (Führen des Balles). Es gelten also die gleichen Regeln wie beim Vorhandschlag.

Vorschwung beim Rückhandschlag:
a–c Vorschwung vor dem Balltreffen: Gewicht auf dem vorderen Bein.
d Vorschwung kurz vor dem Balltreffen: Schlägerfläche schon fast senkrecht hinter dem Ball.
e–f Führungsschwung mit Enphase (ganz langer Vorschwung).

Balltreffen: Treffpunkt in der Schlägermitte und etwas vor dem Körper.

Balltreffen Der Ball soll wie beim Vorhandschlag im Aufsteigen getroffen werden. Idealfall für das Treffen des Balles ist der höchste Punkt, da in diesem Moment der Ball am ruhigsten ist. Ferner soll man den Ball mit zum Boden senkrechter Schlägerfläche etwas **früher** als beim Vorhandschlag treffen, denn Schulter und Schläger befinden sich hierbei schon auf gleicher Höhe (rechte Schulter – rechter Arm beim Rückhandschlag – linke Schulter – rechter Arm beim Vorhandschlag). Beim Treffen des Balles soll der Arm weder übertrieben gestreckt noch zu stark angewinkelt, sondern ganz natürlich sein; das Handgelenk darf nicht verdreht werden. Sonst ist kein gerader Schlag möglich.

Ballanschauen Dabei gilt selbstverständlich das gleiche wie beim Vorhandschlag. Den Ball genau und lange anschauen (Konzentration – Beobachten des Gegners)! Jeder Tennisspieler sollte sich angewöhnen, den Ball stets bis zum Ende des Ballwechsels anzuvisieren.

Typische Fehler

- Griffwechsel klappt nicht
- Zu spätes Umgreifen
- Zu spätes Balltreffen
- Zu weit umgegriffen
- Unruhige Stellung
- Hineinlaufen in den Ball
- Schlägerfläche hinter dem Handgelenk
- Offene Stellung
- Unruhiges Handgelenk beim Balltreffen
- Unruhe im Körper
- Zu wenig Vorwärtsschwung (Führung)
- Ball nicht richtig angeschaut
- Falscher Griff (zu wenig Daumendruck)

Zusammenfassung

Die wichtigsten Punkte beim Vorhand- und Rückhandschlag: Ruhige, saubere Seitstellung, frühzeitiges kurzes Ausholen, langer Vorschwung, das Handgelenk nicht verdrehen, den Ball im richtigen Moment treffen (Schläger **parallel** zum Netz – Ball am höchsten Punkt), natürliche Armhaltung, Schläger nicht hängen lassen (etwa hüfthoch), den Ball rechtzeitig und lange anschauen! Den Gegner und seine Bewegung beobachten.

Training

Grundsätzlich kann man allen Tennisanfängern raten, die Grundbegriffe und ersten Schläge bei einem Tennislehrer zu erlernen. In letzter Zeit macht man sich Gedanken darüber, ob nicht mit einem kürzeren Schläger bei Anfängern und vor allem bei Kindern ein schnellerer Leistungserfolg zu erzielen ist. Es hat sich gezeigt, daß die Kurzschläger-Methode besonders in der Grundschule ihren berechtigten Platz hat. Man kann jedem Tennislehrer und Übungsleiter

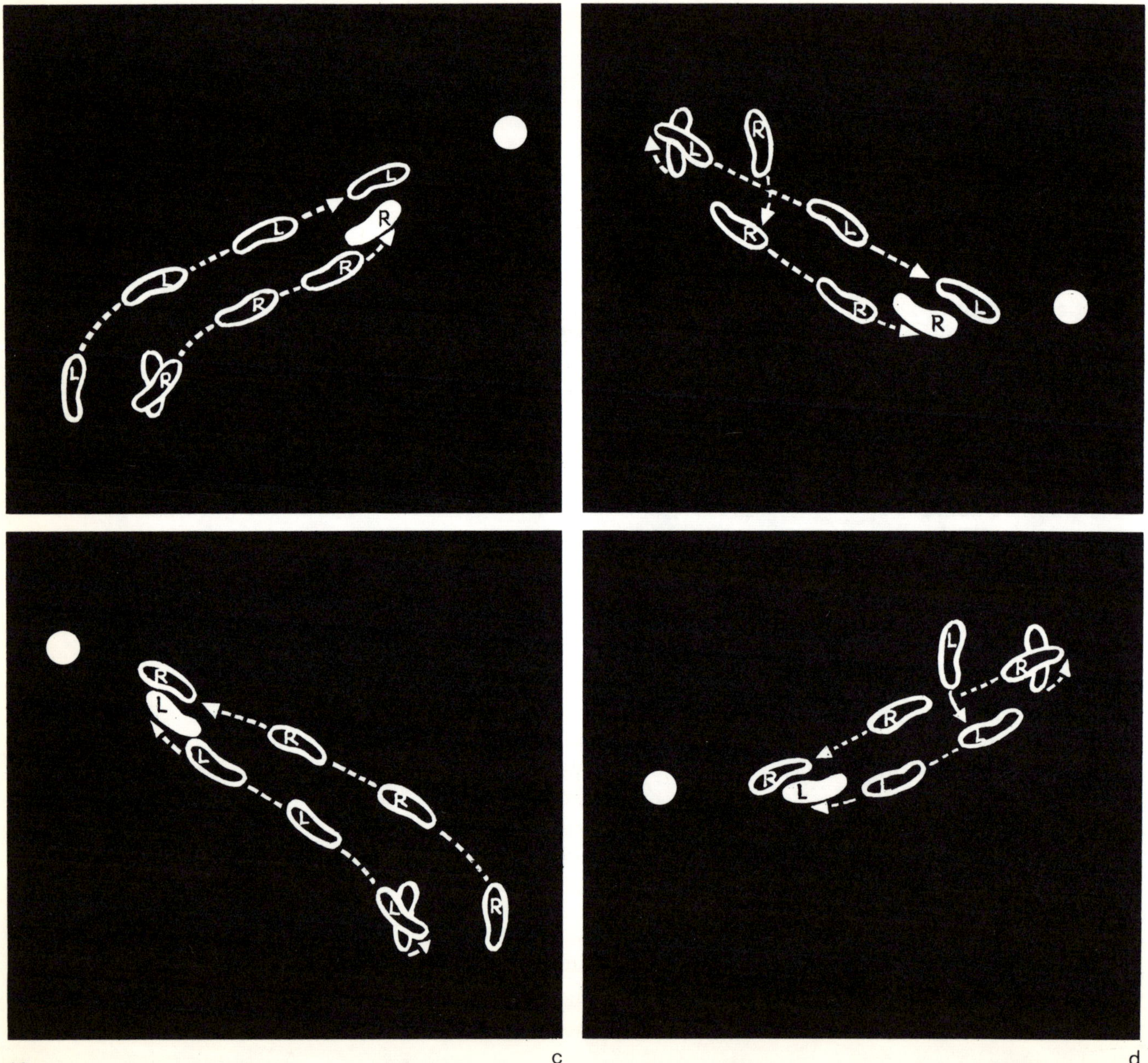

a b c d

e

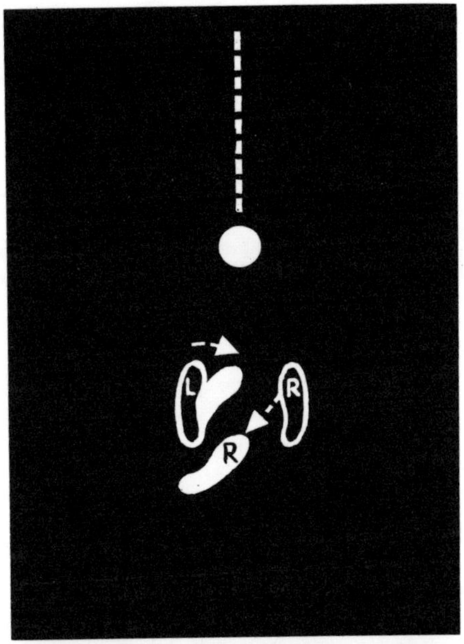

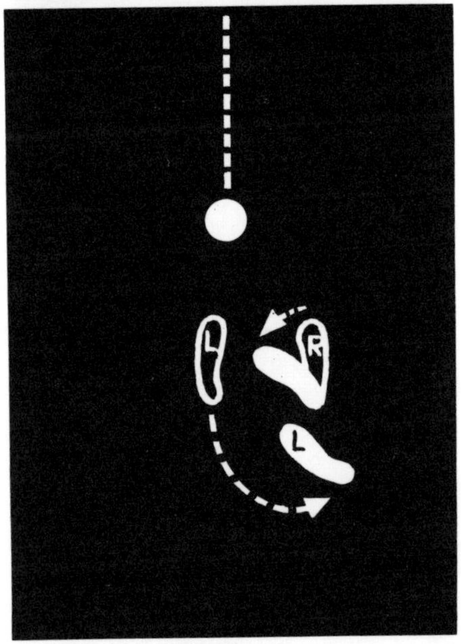

f

Beinarbeit:
a Ball springt rechts vorne auf
b Ball springt rechts hinten auf
c Ball springt links vorne auf
d Ball springt links hinten auf
e Ball, der auf einen zukommt (Vorhand)
f Ball, der auf einen zukommt (Rückhand)

nur raten, davon rege Gebrauch zu machen und Erfahrungen zu sammeln. Am besten geht man so vor: Der Tennislehrer, Übungsleiter oder Betreuer soll zunächst den Ball fallen lassen und der Anfänger soll ihn an den Zaun schlagen.

Der Schüler soll versuchen, den Ball im richtigen Moment und in genauer Entfernung zum Körper zu treffen. (höchster Punkt – Schläger parallel zum Zaun).

Gelingt das einigermaßen, so soll der Schüler versuchen, den Ball selbst aus der Hand zu spielen; selbstverständlich alle diese Schläge in seitlicher Stellung. Hat der Schüler bereits etwas Übung und trifft er den Ball schon ganz sauber, soll der Lehrer sofort hinter das Netz gehen und den Schüler auf der T-Linie aufstellen. Von hier aus soll er dem Schüler die Bälle so langsam und schön zuspielen, daß dieser ohne viel Bewegung in Seitstellung zum Netz den Ball treffen und ohne Schwierigkeit zurückspielen kann. Dadurch, daß der Lehrer den Ball bereits mit dem Schläger spielt und dadurch, daß das Spielfeld verkürzt ist, ergeben sich für Lehrer und Schüler ungeahnte Vorteile. Der Schüler sieht die Schlägerbewegung, er hört den Klang von Ball und Saite und er bringt den Ball leichter über das Netz, da der Ball nicht so weit fliegen muß.

Der Anfänger freut sich natürlich über jeden Ball, den er über das Netz zurückspielen kann und so ergibt sich eine baldige Leistungssteigerung und Freude an diesem Spiel. Beherrscht der Anfänger von der T-Linie – aus dem Stand – den Schlag einigermaßen, so soll der Lehrer dazu übergehen, den Schüler in Stellung gehen zu lassen, später dann in Stellung laufen zu lassen. All diese Dinge werden selbstverständlich allmählich auf die Grundlinie verlagert und jetzt ist die Zeit gekommen, wo der Lehrer sein Augenmerk auf die Beinarbeit richten muß.

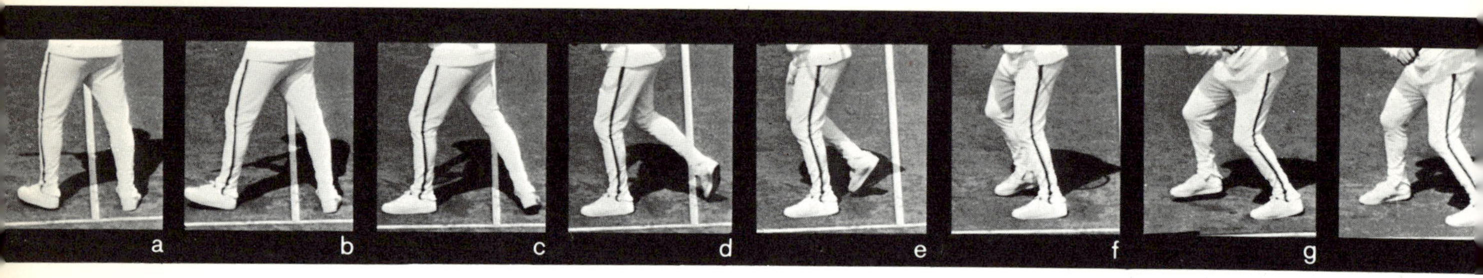

Beinarbeit Die genaue Beinfolge – das Beinsetzen – das richtige »in Stellung gehen« ist ein wesentlicher Bestandteil des Tennisspiels und sollte deshalb besonders trainiert werden! Generell beginnt beim Rechtshänder das rechte Bein zu drehen (Drehschritt mit Belastungswechsel), beim Linkshänder das linke Bein. Die Beine sollen locker und immer in Bereitschaft sein, um möglichst frühzeitig (rechtzeitig) in Stellung gehen zu können.
Beim Vorhandschlag beginnt der Rechtshänder mit dem rechten Bein zu drehen, die Beinfolge ist also rechts – links. Beim Rückhandschlag ist es genau umgekehrt, und zwar in der Vorwärtsbewegung, d. h. wenn man dem Ball entgegenläuft. Muß man vom Ball weglaufen (Rückwärtsbewegung), so beginnt das rückwärtige Bein und die Beinfolge beim Vorhandschlag ist rechts, links, rechts usw., beim Rückhandschlag links, rechts, links usw.

Geübt wird die Beinarbeit nach genauer Erklärung zunächst durch Zuspielen langsamer halbhoher Bälle. Dabei links, rechts, kurz und lang zuspielen, damit der Spieler mit allen Situationen vertraut wird und das Auge sich langsam auf den Abstand Körper – Ball einstellt. Die Reaktion soll im Laufe der Zeit verbessert werden; dies geschieht durch Spielen schnellerer Bälle, durch Temposteigerung und Forcieren des Rhythmus (Fortgeschrittene).
Je perfekter und besser ein Spieler dann wird, umso schwieriger wird demnach auch die Aufgabenstellung sein. Das ist jedoch schon Aufgabe der Konditionsarbeit, die an späterer Stelle noch detailliert erscheint (siehe S. 102).

▲
Beinarbeit beim Rückhandschlag mit Zwischenschritt:
a–b Beinedrehen links
c–e Anheben des rechten Beines, Gewicht auf dem linken Bein.
f– h In Seitstellung gehen, Gewicht verlagert sich auf das rechte Bein.
i Zwischenschritt: linkes Bein wird nachgestellt.
j– k Erneutes In-Stellung-Gehen: Seitstep mit dem rechten Bein nach links.
l– p Seitstellung: starker Druck auf dem rechten (vorderen) Bein.

Beinarbeit beim Vorhandschlag mit Schlägerkoordination: ►
a–b Beinedrehen rechts und beginnender Ausholschwung.
c–d Anheben des linken Beines, Gewicht auf dem rechten Bein.
e–f In Seitstellung gehen, Gewicht verlagert sich langsam auf das linke Bein; Schläger immer noch in Ausholbewegung.
g–h Seitstellung: Gewicht auf dem linken Bein, Schläger beginnt mit dem Vorschwung.
i– k Seitstellung mit Vorschwung: starker Druck auf dem vorderen Bein.
l Endphase

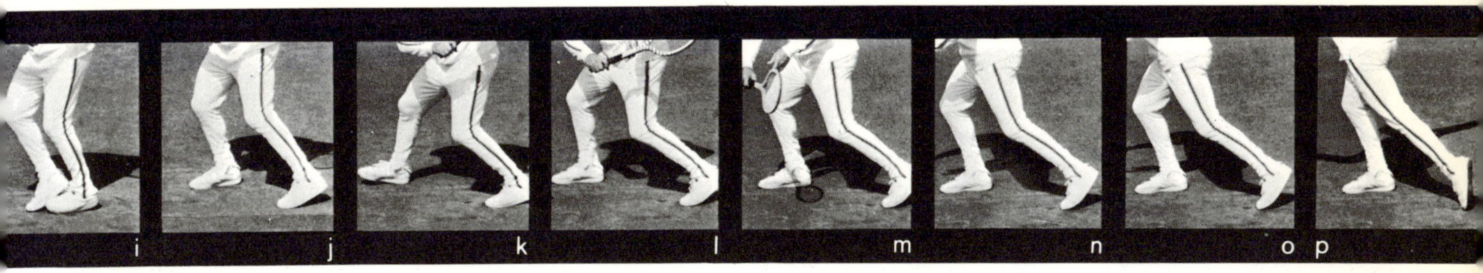

a

b

c

d

e

f

g

h

i

j

k

l

a

b

c

d

e

f

g

h

i

j

k

l

m

n

o

p

Gerader Aufschlag (Kanonenaufschlag):
a Ausgangsstellung
b–c Schwungphase bevor der Ball die Hand verläßt.
d Schwungphase in dem Moment, wo der Ball die Hand verläßt. (Schläger und Ballarm etwa auf gleicher Höhe)
e–g Schwungphase und Ballwerfen: Gewicht auf dem hinteren Bein.
h–i Schwungphase und Ballwerfen mit gestrecktem Körper.
j Beginn der Schlagphase: Schläger hängt noch stark ins Kreuz – Gewichtsverlagerung auf das vordere Bein.
k Schlagbewegung kurz vor dem Balltreffen.
l Schlagbewegung nach dem Balltreffen: Gewicht stark auf dem vorderen Fuß.
m-p Schlagbewegung bis zur Endphase: Schläger schwingt in Höhe des linken Knies aus.

Aufschlag

Technik

Der Aufschlag gehört ebenfalls noch zu den Grundschlägen. Durch ihn wird beim Wettkampf der Ball ins Spiel gebracht.
Da der Bewegungsablauf beim Aufschlag nicht leicht ist, sollen zwei Möglichkeiten des Erlernens aufgezeigt werden:

- Aufschlag in drei Phasen
- Aufschlag in zwei Phasen

Aufschlag in drei Phasen

Der Aufschlag in drei Phasen ist zum Erlernen der leichtere und deshalb auf jeden Fall am Anfang anzubieten.

Griffhaltung Die Griffhaltung ist wie beim Vorhandschlag mit kleinen Abweichungen (individuell verschieden).

Stellung Die Stellung ist seitlich zum Netz. Die linke Schulter und Hüfte zeigen beim Rechtshänder zum Netz.

Schwungbewegung Phase 1 Die Schwungbewegung beim Aufschlag ist zu vergleichen mit der Ausholbewegung eines Schlages. Bedenkt man, daß der Aufschlag eine Bewegung von oben nach unten verlangt, so ergibt sich folgendes: Der Schläger muß mit Schwung von vorne (etwa Schulterhöhe) nach hinten oben gebracht werden. Die einfachste und natürlichste Art ist die Mühlkreisbewegung des Armes mit einer Schleife, so daß der Schläger am Ende richtig ins Kreuz hängt. Das Hauptgewicht befindet sich auf dem hinteren Bein.

Ballwerfen Phase 2 Der Ball soll am linken Auge schräg vor-hochgeworfen werden. Der Ball soll so lange mit gestrecktem Arm geführt werden, bis er ruhig die geöffnete Hand verlassen kann; die Höhe des geworfenen Balles richtet sich nach der Größe des jeweiligen Aufschlägers.

Aufschlag in drei Phasen: Schwungbewegung
a Ausgangsstellung (Schwungbeginn)
b–e Schwungbewegung mit Gewichtsverlagerung auf das hintere Bein
f Endphase der Schwungbewegung (totale Streckung)

a

b

c

d

Aufschlag in drei Phasen: Einzelphasen.
a Ausgangsstellung (Grundstellung) beim Aufschlag.
b–c Schwungphase des Schlägers.
d Ende der Schwungphase: Schläger hängt stark ins Kreuz.
e–g Ballwerfen: langer Führungsarm.
h Streckung und Gewichtsverlagerung nach vorne im Moment des Zuschlagens.
i–j Streckung bis zu den Zehenspitzen.
k Treffen des Balles vor dem Körper: gestreckter Arm und Körper.
l Endphase der Schlagbewegung.

e

f

g

h

i

j

k

l

a

b

c

d

e

f

a b c d

e f g h

Aufschlag in 3 Phasen: Ballwerfen.
Langes Ballführen mit gestrecktem Arm.

Der Ball hat den gestreckten Führungsarm eben verlassen, die Augen beobachten und verfolgen den Ball.

Schlagbewegung Phase 3 Die Schlagbewegung beim Aufschlag ist vergleichbar mit der Vorschwungbewegung eines Schlages, jedoch von oben nach unten. Der Ball soll mit gestrecktem Körper und langem Arm in der Schlägermitte getroffen werden. Er soll ferner nach unten geführt werden, wobei der Schläger links am Körper vorbei etwa bis zum Knie ausschwingt. Das Hauptgewicht befindet sich im Moment der Schlagbewegung auf dem vorderen Bein, der Körper ist bis zu den Zehenspitzen gestreckt. Wie bei jedem Schlag soll der Ball lange angeschaut werden. Den Schläger bis zum Schluß fest in der Hand halten!

Aufschlag in zwei Phasen

Bei diesem Aufschlag erfolgen Schwungbewegung und Ballwerfen gleichzeitig; d. h. Phase 1 und 2 fallen zusammen zu einer neuen Phase I; die Schlagbewegung bleibt gleich und wird zu Phase II. Dieser Auf-

Aufschlag in drei Phasen (Schlagbewegung):

a Beginn der Schlagbewegung (Gewicht etwas auf dem vorderen Bein).

b–c Schlagphasen vor dem Balltreffen.

d Schlagphase im Moment des Balltreffens: totale Streckung des Körpers und des Armes.

e–g Schlagphasen nach dem Balltreffen.

h Endphase der Schlagbewegung: Schläger schwingt links am Knie vorbei aus, Körper dreht mit; Gewicht auf dem vorderen Bein.

a

b

c

d

e

f

g

h

Balltreffen mit gestrecktem Arm vor dem Körper:
Deutlich ist zu sehen, wie der Spieler den Ball mit den Augen verfolgt.

schlag soll erst nach längerem Üben des »Aufschlages in drei Phasen« oder nur von begabten Leuten sofort erlernt werden. Die einzelnen Übungsteile müssen fleißig trainiert werden, so daß sie fast automatisch erfolgen, dann brauchen sie beim Aufschlag in zwei Phasen nur noch koordiniert zu werden. Es gelten für den Aufschlag in zwei Phasen dieselben Regeln wie für den Aufschlag in drei Zeiten.

Typische Fehler

- Zu hohes oder zu niedriges Ballwerfen
- Treffpunkt des Balles zu weit hinter dem Körper
- Zu spätes Treffen des Balles
- Schlechte Koordination von Aushol-, Wurf- und Schlagbewegung
- Unrhythmische Schwung- und Schlagbewegung
- Ball nicht richtig angeschaut
- Schläger nicht fest genug gehalten
- Falsche Griffhaltung

Training

Wie bei allen Schlägen soll man den Aufschlag so lange trainieren, bis er automatisch sitzt (Automatical-Training). Dieser Punkt ist beim Aufschlag besonders wichtig, denn beim Aufschlag hat der Spieler alles selbst in der Hand. Er kann sich den Ball selbst werfen, er kann selbst zuschlagen, ohne daß der Gegner stören oder mitbestimmen kann. Nicht umsonst heißt es in Fachkreisen: »Ein guter Aufschlag ist das halbe Match«.
Zum Erlernen des Aufschlages nimmt man sich am besten einen Eimer voll Bälle und übt eine Stunde oder mehr auf dem Platz unter Berücksichtigung aller bereits hervorgehobenen, wichtigen Punkte. Dabei soll man folgendes beachten: Das Werfen des Balles soll **gesondert** und oft geübt werden. Der Ball soll mit langem Arm nach oben geführt werden, bis der Arm gestreckt ist; erst dann soll die Hand geöffnet werden.
Der Ball soll lange und genau angeschaut werden (nicht nur routinemäßig).
Der gesamte Körper soll bis zu den Zehenspitzen gestreckt werden.
Der Ball soll am höchsten Punkt **vor** dem Körper getroffen werden, dadurch spart man sich Kraft und es gibt keinen Energieverlust bei der Schlag- und Führungsbewegung.
Auf Fußfehler soll man achten. Erst wenn der Ball vom Schläger weg ist, darf man auf oder über die Linie treten.
Mit dem Beherrschen von Vorhandschlag-Rückhandschlag und Aufschlag haben wir die Grundschule (Anfänger) abgeschlossen. Nun haben wir uns mit dem Lehrstoff für einen fortgeschrittenen Tennisspieler zu befassen. Ziel dieser Stufe ist es, die Verbindungsschläge zu erlernen, ohne deren Beherrschung ein offensives Netzspiel nicht möglich sein wird.

Tom Okker beim Aufschlag: Klar erkennbar, wie ruhig der Ball, nachdem der Arm gestreckt ist, die Hand verläßt.

Evonne Goolagong (Australien) setzt mit einem mächtigen Schritt zu einem Rückhand-Slice an.

Fortgeschrittener

Nach der Grundschule für den Anfänger stellt die Stufe für den Fortgeschrittenen die Phase der Weiterbildung und der Vertiefung des bereits »Gelernten« dar. Die Verbesserung der Grundschläge und das Erlernen der Verbindungsschläge (Volley und Smash) gehören zum Aufgabenbereich, den Schüler und Lehrer in dieser Phase zu bewältigen haben.

Für den Schüler:

Es wird am Anfang sehr schwierig und ungewohnt für den Tennisschüler sein, wenn er den Ball plötzlich aus der Luft annehmen und schlagen soll. Er sieht den Ball nicht mehr so lange fliegen und es fällt auch die Zeit weg, in der der Ball sonst aufgesprungen ist. Schnellere Reaktion des Auges und kürzere Schlagbewegung sind die Folge. Viele Tennisspieler sehen sich in dieser Zeit schon als die kommenden Meister und glauben, sie hätten den Unterricht bei einem Lehrer nicht mehr nötig. Sie können ja schon den Ball einigermaßen über das Netz spielen und neigen mehr dazu, Wettspiele auszutragen, als intensiv an der Technik weiter zu feilen. Große Spieler wie Bungert oder Laver sind ihre Vorbilder und sie versuchen, ihre Spielweise zu imitieren. Daß der individuelle Stil der Meister nicht auch »ihr Stil« sein kann, will ihnen gar nicht in den Kopf gehen. In dieser Periode schleichen sich auch die meisten Fehler ein. Die Seitstellung z. B. wird vernachlässigt, ausschlaggebend ist nur, daß der Ball rasant über das Netz zurückgeschlagen wird, egal ob die Technik dabei noch richtig ist. Schläge aus dem Handgelenk, Unruhe in Beinen und Körper sind häufig anzutreffen.

Für den Lehrer:

Häufig gilt es, diese Art von Überschätzung und die vielen Fehlerquellen abzuschaffen. Ein kleines Match, wo man dem »Fortgeschrittenen« eine Lektion erteilt, wird alles wieder ins richtige Lot bringen. Man kann auf diese Weise besser zeigen, daß noch ein weiter Weg bis zum Meister ist. In der Fortbildung sollte man hauptsächlich **Schlagfolgen** trainieren und nicht Detailbewegungen schulen. Härtere Schläge in der Grundschule mit Schwerpunkt auf Beinarbeit sowie stufenweises Schulen des Volleys und des Schmetterballes sind das Lehrziel. Jetzt kann man schon etwas auf die Taktik im Tennis eingehen und hin und wieder ein kleines Match austragen. Taktik und Technik werden sich in dieser Phase die Waage halten. Der Tennislehrer muß also beidem Rechnung tragen. Er wird einerseits zum Trainingspartner, der das Schlagtempo steigert und die dadurch entstehenden Fehler erkennt und abstellt, andererseits bleibt er der Lehrer, der die Technik und Taktik neuer Schläge erklärt, demonstriert und mit dem Schüler trainiert.

a

b

c

d

e

f

g

Gerader Vorhand-Flugball (Bildreihe):

a–b Anheben des Schlägers nach hinten und in Stellung gehen.

c Kurzer Ausholschwung (Handgelenkansatz).

d Vorschwung: Gewicht auf dem vorderen Bein.

e Vorschwung im Moment des Balltreffens: starker Druck nach vorne.

f–g Langer Führungsschwung nach dem Balltreffen.

Vorhand-Flugball

Technik

Der Flugball gehört bereits in den Bereich des geübteren Tennisspielers. Beherrscht man diesen Schlag, dann kann man den Ball schneller annehmen und dadurch den Gegner in Verlegenheit bringen. Je näher man am Netz schlagen kann, umso kürzer wird das Spielfeld, und desto schneller kommt der Ball wieder zum Gegenspieler zurück. Ein weiterer Vorteil ist, daß man den Ball nicht aufspringen lassen muß, sondern ihn sofort aus der Luft von oben nach unten schlagen kann. Somit zwingt man den Gegenspieler, den Ball zu heben, wodurch er wesentlich langsamer und leichter zu »töten« ist.

Griffhaltung Es ist ein Mittelgriff zu empfehlen, denn meist reicht die Zeit nicht zum Wechseln des Griffes (individuell verschieden).

Stellung zum Ball Wenn die Zeit reicht, dann natürlich Seitstellung, sonst erfolgt unbedingt eine Drehung des Oberkörpers in der Hüfte, so daß die Schulter zum Netz zeigt. Das ist notwendig zur Führung des Balles.

Ausholschwung Wegen Zeitmangel soll man nur wenig oder fast gar nicht ausholen. Je näher man am Netz

Griffhaltung beim Flugball: Mittelgriff (der Handballen liegt über dem Schlägergriff).

a

b

c

e

f

g

d

h

Flugball:

a Normalhoher Vorhand-Flugball: Schlägerhaltung im Moment des Balltreffens
Schlägerfläche hinter dem Ball.

b Hoher Vorhand-Flugball: Schlägerfläche befindet sich beim Balltreffen über dem Ball.

c Sehr tiefer Vorhand-Flugball nahe am Netz: Schlägerfläche stark unter dem Ball.

d Tiefer Vorhand-Flugball weiter vom Netz entfernt: Schlägerfläche nicht so stark unter dem Ball, da Führungsschwung flacher.

e Normalhoher Rückhand-Flugball: Treffpunkt des Balles etwas früher als beim Vorhand.

f Hoher Rückhand-Flugball: Schlägerfläche über dem Ball.

g Schlägerhaltung beim ganz tiefen Rückhandflugball nahe am Netz.

h Tiefer Rückhand-Flugball weiter vom Netz entfernt.

ist, umso weniger sollte man ausholen. Die Ausholhöhe richtet sich nach der Höhe des ankommenden Balles. Bei einem sehr niedrigen Flugball soll man tief unter den Ball gehen, bei einem hohen Flugball soll man über den Ball gehen, bei einem normalen Flugball soll man hinter den Ball gehen; immer so, daß man den Ball auf dem kürzesten Weg **weit** in das gegnerische Feld schlagen kann. Dabei darf der Ansatz zum Schlag ohne weiteres aus dem Handgelenk erfolgen.

Balltreffen Beim Flugball soll man den Ball noch etwas früher treffen als beim normalen Schlag, wobei das Handgelenk ruhig ist.

Vorschwung Der Vorschwung darf im Handgelenk angesetzt werden und soll lang sein (Führung). Je nach Ballhöhe von oben nach unten (drücken) oder von unten nach oben (heben).

a

b

c

d

Wichtig ist beim Flugball vor allem das rechtzeitige Erkennen und Anschauen des Balles. Je weiter man vom Netz entfernt ist, umso länger wird die Ausholbewegung sein (vgl. Grundlinienschlag).

e

f

Hoher Vorhand-Flugball (Bildreihe):
a–c Kurze, hohe Ausholbewegung.
d Schlägerfläche über dem Ball: Führung des Balles von oben nach unten.
e–f Endphase des Vorschwunges: Schläger unten.

a

b

c

d

e

f

Hoher Rückhand-Flugball (Bildreihe):
a–b Kurzer Ausholschwung nach oben.
c Vorschwung von oben nach unten.
d Balltreffen: Schläger über dem Ball.
e–f Führungsschwung nach unten.

a b c d e f g h

◀ Tiefer Vorhand-Flugball (Bildreihe):
a–e Kurze, tiefe Ausholbewegung: Schläger kommt unter den Ball.
f Treffpunkt: Schläger stark unter dem Ball (steiler Winkel zum Netz!).
g–h Steile Führung des Balles nach oben.

Tiefer Rückhand-Flugball (Bildreihe): ▶
a–b Tiefer, kurzer Ausholschwung und in Stellung gehen.
c–d Vorschwung: Schläger tief unter dem Ball.
e Balltreffen sehr tief und weit vor dem Körper.
f– h Langer Vorschwung nach oben.

a

b

c

d

e

g

f

h

a

b

c

e

f

g

i

j

k

d

h

l

Gerader Rückhand-Flugball (Bildreihe):

a–e Kurzer Ausholschwung mit Körperdrehung.

f– g Vorschwung bis kurz vor dem Balltreffen.

h Vorschwung direkt nach dem Balltreffen: kräftiger Druck im Handgelenk.

i– l Führungsschwung nach dem Balltreffen bis zur Endphase: starker Druck nach vorne.

Rückhand-Flugball

Für den Rückhand-Flugball gelten dieselben Regeln wie für den Vorhand-Flugball, nur der Treffpunkt des Balles liegt weiter vor dem Körper, wie das ja auch beim normalen Rückhandschlag der Fall ist.

Typische Fehler

- Falsche Griffhaltung
- Zu spätes Balltreffen
- Zu langer Ausholschwung
- Zu wenig Vorwärtsführung
- Nur Schlägerhinhalten ohne Druck
- Zu wenig hinter, über oder unter dem Ball
- Zu dicht am Ball
- Zu weit vom Ball entfernt
- Offene Stellung (keine Drehung)
- Beim Balltreffen zu locker im Handgelenk
- Ball schlecht angeschaut

Hewitt: Bei einem geraden Rückhand-Flugball, Balltreffen exakt in der Schlägermitte.

Training

Um den Flugball im Anfangsstadium richtig erfühlen zu können, sollte man sich zunächst in kurzem Abstand zum Netz gegenseitig die Bälle langsam zuspielen. Dabei fast gar nicht ausholen.

Hauptaugenmerk ist zu legen auf richtiges Treffen und sauberes, weiches Ballführen (keine harten Schläge!) Später soll ein Partner ganz nahe an das Netz gehen (etwa 1½–2 m), der andere zur Grundlinie. Der Grundlinienspieler soll ganz langsame halbhohe Bälle zuspielen, damit der Netzspieler Zeit hat und den Flugball rechtzeitig schlagen kann. Der Netzspieler hat die Aufgabe, nur ganz kurz auszuholen – er darf das Handgelenk zu Hilfe nehmen; ferner soll er den Ball im richtigen Moment (höchster Punkt und vor dem Körper) mit **ruhigem** Handgelenk treffen und lange in Richtung des abfliegenden Balles führen. Tempostegerung und flachere Bälle werden die nächste

Stufe darstellen. So wird das Auge schneller und ermöglicht ein frühzeitiges Treffen des Balles. Eine weitere Erschwerung wird es für den Netzspieler sein, wenn er sich immer weiter vom Netz wegbegibt. Er muß jedesmal von neuem die Entfernung zum Netz abschätzen und wird gezwungen, einmal mehr oder weniger auszuholen, je nach Abstand zum Netz.
Es verändert sich auch der Winkel zum Netz dauernd. Es ist dabei nicht leicht, für jede Situation den richtigen Aushol- und Vorschwung zu finden.

Schmetterball

Technik

Der Schmetterball ist die Waffe des Tennisspielers gegen den Hochball und wird ähnlich wie der Aufschlag von oben nach unten geschlagen. Da man aber beim Schmetterball im Gegensatz zum Aufschlag das Ballwerfen nicht selbst in der Hand hat, ist es besonders notwendig, so schnell wie möglich **hinter** den ankommenden Ball zu gelangen. So kann man ihn früh genug über dem Kopf **vor** dem Körper schlagen. Der Ball soll mit gestrecktem Arm und Körper in der Schlägermitte getroffen werden.
Wichtig: Die Stellung zum Ball ist seitlich zum Netz. Beim Ausholen drehen linke Schulter und linke Hüfte etwas nach rechts.
Das Gewicht befindet sich auf dem hinteren Bein.
Bei der schnellen Schlagbewegung wird das Gewicht allmählich auf das vordere Bein verlagert. Die Hüfte und Schulter drehen leicht mit. Der Schläger schwingt in Kniehöhe aus.

Typische Fehler

- Falsche Griffhaltung
- Treffpunkt des Balles zu weit hinter dem Körper
- Zu spätes Treffen des Balles
- Keine ruhige Stellung beim Schlagen
- Zu spätes Laufen an den Ball
- Ball nicht lange genug angeschaut

Training

Während man beim Aufschlag alleine üben kann, wenn die Grundbegriffe bekannt sind, muß man beim Trainieren des Schmetterballes unbedingt einen Partner oder eine Ballmaschine haben. Die einzelnen Bewegungen und Phasen des Schmetterballes sind bereits hinreichend geübt worden beim Aufschlag. Deshalb soll man sich jetzt vor allem mit dem rechtzeitigen Hin- und Weglaufen beschäftigen.

a

b

c

g

h

i

m

n

o

d

e

f

j

k

l

p

Schmetterball:

a–d Anlaufen des Balles mit Vorbereitung der Schlagbewegung.

e–g In Stellung gehen und Ausholbewegung: Gewichtsverlagerung nach vorne.

h–i Schlagbewegung und Strecken des Armes und Körpers nach oben.

j Balltreffen vor dem Körper: totale Streckung des Körpers und des Armes.

k–n Schlagbewegung nach dem Balltreffen: der Körper ist in Vorwärtsbewegung.

o–p Endphase der Schlagbewegung: kräftiger Druck auf dem vorderen Bein.

Die Stellung zum Ball und das richtige Treffen müssen erlernt und immer wieder trainiert werden. Am Anfang sollte man niedrige halbhohe und kurze Bälle spielen, damit man sich in Ruhe mit dem Bewegungsablauf und dem Balltreffen vertraut machen kann. Hat man schon etwas Gefühl und Treffsicherheit beim »Schmettern«, werden die Bälle höher und weiter nach hinten zur Grundlinie gespielt. Die Steigerung geht so weit, daß der Ball bei hoher Flugkurve bis zur Grundlinie kommt. Dieser Ball ist auch im Spiel am schwierigsten zu schlagen.

Rod Laver: Hier schlägt er gerade einen »Spezialball«.

Turnierspieler

Die Stufe des Turnierspielers stellt bereits sehr hohe Anforderungen an Kondition, Bewegungsgefühl, Kampfkraft und Ausdauer. Nur wer ernsthaft trainiert, wird es in dieser Leistungsstufe zu etwas bringen. Denn jetzt geht es darum, im Wettkampf Erfahrungen zu sammeln und sich zu behaupten. Der Schüler muß notgedrungen immer mehr trainieren und der Tennislehrer übernimmt nach und nach die Rolle eines Trainers.

Für den Schüler:

Voraussetzung für die Leistungsschulung ist das tadellose Beherrschen von Grund- und Verbindungsschlägen. Ist das nicht der Fall, ist ein Erlernen der Spezialschläge nicht möglich. Kurzbälle, Hochbälle, Topspin und Slice verlangen ein ausgesprochen gutes Ball- und Bewegungsgefühl. Diese Schlagarten muß man laufend üben, um sie dann beim Wettkampf entsprechend zum Einsatz bringen zu können. Neben der Perfektionierung sämtlicher Schläge nimmt der Wettkampf den Vorrang ein. Der harte Wettkampf verlangt folgende Schwerpunktarbeit:

- Ausdauertraining
- Krafttraining
- Techniktraining
- Rhythmustraining
- Reaktionstraining
- Taktiktraining
- Wettkampf- und Turniertraining
- »Automatical Training«, d. h. so lange die einzelnen Schläge oder Schlagpassagen trainieren, bis sie automatisch erfolgen.

Für den Lehrer:

Der »Lehrer« übernimmt mehr und mehr die Funktion eines Trainers. Die Methodik tritt in den Hintergrund, Taktik und Training sind bestimmend. Der Lehrer muß in dieser Stufe ein hohes Maß an Spielstärke besitzen, um dem Spieler Schnelligkeit und Härte der Schläge beibringen zu können. Sehr frühzeitiges Balltreffen – fehlerfreies Placieren und offensives Netzspiel werden Hauptaufgabe: sein. Es gehört viel Spielerfahrung und Bewegungserfahrung dazu in diesem Stadium, das sehr schwierig ist, die entsprechenden Korrekturen und Anleitungen zu geben. Gutes Auge für auftretende Fehler und vor allem Erkennen der Ursachen dafür zeichnen einen qualifizierten Trainer aus. Man muß frühzeitig erkennen, welche Schlagarten dem jeweiligen Schüler am besten liegen. Individuelle Veranlagung soll und muß berücksichtigt werden. Nur so kann man ein Höchstmaß an Leistung herausholen. Schwerpunkt: Wettkampftraining, Konditionstraining, Automation der verschiedenen Schläge und Steigerung der Schnelligkeit.

a

b

c

d

e

f

g

h

i

a

b

c

▲ Halbflugball-Rückhand:
a Ausholphase.
b–c Vorschwungphase bis zum Balltreffen: deutlich sichtbar, wie der Ball sofort nach dem Aufsprung getroffen wird.

◀ Halbflugball-Vorhand:
a–b Beginn der Ausholbewegung und in Stellung gehen.
c–d Tiefer Ausholschwung: Kniearbeit.
e Schläger fast am Boden (kurz vor dem Balltreffen sofort nach dem Aufsprung).
f Vorschwung nach dem Balltreffen.
g–i Langer Führungsschwung nach vorne-oben mit Aufrichten des Körpers.

Halbflugball

Technik

Dieser Ball wird sofort unmittelbar nach dem Aufsprung geschlagen. Er ist sozusagen die letzte Rettung, wenn man zum Flugball zu weit wegsteht oder sich für einen Normalschlag zu spät am Ball befindet.
Wichtig: Die Stellung zum Ball und die Griffhaltung sind wie bei den Grundschlägen.
Die Schlägerfläche kommt unter den Ball, je nach Entfernung zum Netz, mehr oder weniger.
Der Schläger soll den Ball sofort nach dem Aufsprung treffen.
Der Führungsschwung geht nach vorne oben.
Im allgemeinen sollte man es nicht zu einem Halbflugball kommen lassen, er stellt nur eine Notlösung dar. Trotzdem muß man diesen Ball entsprechend üben, um ihn im Notfall auch schlagen zu können.

Typische Fehler

- Falsche Griffhaltung
- Zu spätes Treffen des Balles
- Der Ball wird zu stark gedrückt
- Der Ball wird zu stark hochgeführt
- Treffpunkt des Balles nicht direkt nach dem Aufsprung
- Zu spätes Kniebeugen

Training

Das Training erfolgt im Anfang am besten an einer Trainingswand (Entfernung ca. 5 m, später den Abstand vergrößern). Man läßt den Ball fallen und versucht, ihn sofort nach dem Aufsprung an die Wand zu schlagen. Das gleiche kann man dann später vom Halbfeld und von der Grundlinie aus über das Netz probieren, bis man das richtige Gefühl für das Treffen und Führen des Balles hat. Je näher man am Netz steht, um so stärker muß die Vorhochführung des Balles sein.

Vorhand-Lob (Verteidigung):
a–c Tiefer Ausholschwung: Schlägerfläche unter dem Handgelenk.
d–e Vor-Hochschwung bis zum Balltreffen: Schlägerfläche stark unter dem Ball.
f– h Langer, deutlicher Vor-Hochschwung mit Endphase.

a

b

c

d

e

f

g

h

Rückhand-Lob (Verteidigung):

a–b Ausholschwung und in Stellung gehen.

c–e Tiefer Ausfallschritt und tiefes Vorschwingen des Schlägers unter den Ball; Gewicht stark auf dem vorderen Bein.

f– h Langer, steil nach oben geführter Vorschwung.

a

b

c

d

e

f

g

h

Lob (Hochball)

Technik

Einen Hochball spielt man, wenn der Gegner an das Netz geht und keine günstige Gelegenheit besteht, ihn seitlich zu passieren. Sehr häufig wird der »Lob« im Doppel eingesetzt. Man unterscheidet zwei Arten von Lob: den »Angriffs- und den Verteidigungslob«. Der Angriffslob soll nur so hoch sein, daß ihn der Gegner gerade nicht mehr bekommt und er darf nicht langsam sein. Der Verteidigungslob soll hoch und lang sein. Er soll einem meist aus einer Verlegenheit helfen. Man bezweckt damit, Zeit zu gewinnen und sich wieder einigermaßen zu sammeln und zu stellen.
Wichtig: Stellung und Griffhaltung wie bei den Grundschlägen.
Beim Ausholschwung bringt man die Schlägerfläche sehr stark unter den Ball, damit man den Ball hoch schlagen kann. Der Führungs- und Aufwärtsschwung richtet sich nach der gewünschten Höhe und Weite. Auf das tiefe Ausholen und das hohe Ausschwingen sollte man beim Trainieren besonders großen Wert legen.

Typische Fehler

- Falsche Griffhaltung
- Beim Ausholen Schlägerfläche zu wenig unter dem Ball
- Zu geringe Hochführung des Balles
- Handgelenk zu locker beim Balltreffen
- Zu spät oder zu früh am Ball

Training

Zwei Partner stellen sich gegenüber; der eine übt »das Schmettern«, der andere den »Lob«.
Die Höhe der Flugkurve (Winkel des Ballführens) bestimmt die Höhe und Geschwindigkeit des Balles.

Flugball-Lob

Technik

Die Griffhaltung und die Stellung sind wie beim normalen Lob. Es gelten auch dieselben Gesetze beim Ausholen und Vorschwung. Nur soll der Ausholschwung kurz sein und man soll den Ball vor dem Körper treffen (siehe Flugball).

Typische Fehler

- Falsche Griffhaltung
- Zu spätes Balltreffen
- Zu geringes Hochführen
- Schlägerfläche zu wenig unter dem Ball

Vorhand-Lob (Angriff):
a–c Tiefer Ausholschwung.
d Balltreffen: Schläger unter dem Ball.
e–h Vor-Hochschwung nicht so steil mit etwas Überziehbewegung.

a

b

c

d

e

Vorhand-Stopball (Hackschnitt):
a Ausholschwung mit ovaler Schleife.
b–c Vorschwung stark aus dem Handgelenk und Unterarm: Kippen der Schlägerfläche nach hinten.
d–e Endphase des Vorschwunges: ganz deutliche Kippbewegung der Schlägerfläche nach hinten.

Training

Ein Spieler steht an der Grundlinie, der andere am Netz. Der Grundlinienspieler gibt langsame Bälle und läuft vor an das Netz, der Netzspieler versucht, aus der Luft einen Hochball über den nach vorne laufenden Partner zu schlagen. Die Schlägerfläche kurz unter den Ball bringen, vor-hoch ausschwingen. Häufigeres Wiederholen und Trainieren dieses Schlages.

Stop (Kurzball)

Technik

Der Stopball ist ein kurzgeschlagener Ball, der ganz knapp hinter dem Netz aufspringen soll. Er wird meist gespielt, wenn der Gegner sehr weit vom Netz entfernt ist und deshalb nicht so leicht an den Ball herankommen kann. Alle Arten des Stops haben eines gemeinsam: »verzögerter, gebremster Vorschwung«.

Rückhand-Stopball:

a Ausholschwung.

b Treffpunkt: schräge Fläche unter dem Ball.

c–d Typische »Einwickelbewegung« des Balles: Schläger dreht sich von unten um den Ball herum.

Zum Körper gezogener Slice-Stop (Rückhand):
a–c »Einwickelbewegung« stark zum Körper gezogen, Vorschwung gebremst.

a

b

c

Gerader Stopball

Technik

Dieser Ball wird aus dem Vorhand- und Rückhandgrundschlag abgeleitet. Stellung und Griffhaltung sind wie bei den Grundschlägen; ebenso der Ausholschwung. Der Vorschwung soll aber so fein dosiert und verzögert werden, daß der Ball gerade noch über das Netz kommt. Der Rückhand-Stopball wird etwas früher getroffen als der Vorhand-Stopball.

Hackschnitt

Technik

Stellung und Griffhaltung wie bei den Grundschlägen. Beim Hackschnitt soll man eine kleine Ausholbewegung nach hinten mit ovaler Schleife ausführen. Der Vorschwung geht nach vorne in Richtung Treffpunkthöhe des Balles. Man soll den Ball, aus dem Handgelenk mit kurzem, hackartigen Schnitt geschlagen, in einem Winkel von 15–16 Grad zum Ball treffen. Beim Rückhandschlag soll man den Ball ebenfalls weiter vor dem Körper treffen.

Zum Körper gezogener Slice-Stop

Technik

Stellung und Griffhaltung wie bei den Grundschlägen. Der Ausholschwung soll kurz aus dem Handgelenk über dem Ball erfolgen. Die Vorschwungbewegung geht von oben nach unten zum Körper hin. Dieser Ball ist nicht nur kurz, sondern er springt auch infolge der Slice-Bewegung seitlich nach außen weg (Seitdrall).

Typische Fehler

- Falsche Griffhaltung
- Zu starker Vorschwung
- Im Schlagansatz zu steif im Handgelenk

Orantes: Der Spanier versucht einen Rückhand-Flugballstop.

Flugballstop-Slice zum Körper (Vorhand):
a–b Kurzer Ausholschwung.
c–e Anschwingen des Balles mit nach hinten gekipptem Schläger.
f– h Sehr intensive Unterziehbewegung zum Körper im Vorschwung.

a

b

c

e

f

g

d

h

Flugball-Stop

Technik

Die vorher aufgezählten Stopbälle kann man natürlich auch als Volley schlagen. Man läßt dabei den Ball nicht aufspringen, sondern nimmt ihn direkt aus der Luft. Die wichtigsten Regeln des Flugballes und des Stopballes müssen demnach Verwendung finden.

Wichtig: Die Stellung und Griffhaltung sind wie beim Flugball. Der Ausholschwung ist ganz kurz, der Treffpunkt vor dem Körper.

Gebremster – d. h. fein dosierter Vorschwung.

Typische Fehler

- Falsche Griffhaltung
- Zu spätes Balltreffen
- Zu kräftiger Vorschwung
- Führung zu wenig dosiert
- Zu starres Handgelenk

Training

Trainiert muß beim Stopball vor allem der verzögerte Vorschwung werden – ganz gleich ob beim Grundlinienschlag oder beim Flugball.

Er ist es nämlich, der die Länge des Balles bestimmt. Während bis jetzt bei allen Schlägen besonders viel Wert auf einen langen Vorschwung (Führungsschwung) gelegt worden ist, muß man beim Kurzball plötzlich den Vorschwung bremsen. Das bedeutet natürlich eine große Umstellung. Nur durch häufiges Üben und mit viel Ballgefühl ist er zu erlernen. Zuerst sollte man ausprobieren, welche Art von Stopball einem am besten liegt. Der nächste Schritt ist, mit einem guten Partner oder Tennislehrer bei sehr langsam gespielten Bällen den Stop zu versuchen. Später die Bälle schneller spielen.

Neben den geraden Schlägen (Grundschläge) gibt es im Tennis auch noch die sog. unterschnittenen (Slice) und überzogenen (Topspin) Schläge.

a

b

c

d

e

f

g

h

Vorhand-Slice (Bildreihe):

a–c Ausholschwung nach oben mit nach hinten gekippter Schlägerfläche.

d–e Vorschwung schräg nach unten bis zum Balltreffen.

f– g Vorschwung nach dem Balltreffen stark nach unten mit nach hinten gekippter Schlägerfläche (typische Slicehaltung).

h Endphase: Gewicht stark vorne.

Rückhand-Slice
a–c Ausholschwung nach hinten-oben mit nach unten gekippter Schlägerfläche: Gewicht auf dem hinteren Bein.
d–g Typischer Slice-Vorschwung von hinten-oben nach vorne-unten. Gewicht auf dem vorderen Bein.

a

b

c

d

e

f

g

Vorhand- und Rückhand-Slice

Technik

Der Slice ist ein »unterschnittener« Schlag, den man hauptsächlich bei hohen Bällen und als Abwehr- und Verteidigungsschlag anwendet. Stellung und Griffhaltung wie bei den Grundschlägen.

Ausholschwung Die Ausholbewegung ist höher als beim Grundschlag; d. h. zwischen Hüfte und Schulter ausholen. Die Schlägerfläche wird dabei etwa 15–20 Grad zum Netz gedreht.

Balltreffen Man soll den Ball möglichst am höchsten Punkt und vor dem Körper treffen.

Vorschwung Der Vorschwung wird von hinten-oben nach vorne-unten ausgeführt. Man soll den Ball mit einer langen Unterziehbewegung (typische Slicebewegung) nach vorne führen.
Der unterschnittene Ball hat den Vorteil, daß er nach dem Aufsprung sehr flach bleibt und so den Rückschläger zwingt, ihn stark anzuheben. Diese Schlagart findet auch ihre Anwendung beim Flugballspiel.

Typische Fehler

- Falsche Schlägerhaltung
- Schlägerfläche zu wenig oder zu viel gekippt
- Ausholschwung zu wenig über dem Ball
- Zu wenig Unterschnitt beim Vorschwung
- Zu spätes Balltreffen
- Balltreffen zu weit vor dem Körper
- Unruhige Seitstellung
- Schulter dreht vor dem Balltreffen ab
- Zu starkes seitliches Wegziehen des Schlägers zum Körper hin
- Ball zu wenig oder zu viel gedrückt
- Ball nicht »einwickeln«: d. h. Schlägerfläche schwingt zuviel nach vorne–oben nach (Stopbewegung!).

a

b

c

d

e

f

Flugball-Slice (Vorhand) (Bildreihe):

- a Ausgangsstellung
- b Anfangsphase: kurzes Anheben des Schlägers nach hinten aus dem Handgelenk und Unterarm und in Stellung gehen.
- c Ankippen des Schlägers nach oben und beginnender Druck auf das vordere Bein.
- d–f Vorschwung von hinten oben nach vorne unten: Schlägerfläche stark nach hinten gekippt.

g

h

i

j

k

l

g–l Dieselbe Schlagbewegung von hinten gesehen: deutlich zu sehen der Schlagansatz aus dem Handgelenk.

a

b

c

d

e

Flugball-Slice (Rückhand):
a Ausholen mit Schlägerkippen.
b Vorschwung: kräftiger Druck auf dem vorderen Bein.
c–e Slice-Vorschwung bis zur Endphase.

Flugball-Slice

Technik

Beim Flugball-Slice gelten die gleichen Richtlinien und Bewegungsgesetze wie beim Slice. Es kommt lediglich die typisch kurze Ausholbewegung beim Flugball und das frühere Treffen des Balles hinzu.

Typische Fehler

- Slicebewegung fehlt beim Vorschwung
- Falsche Griffhaltung
- Zu spätes Balltreffen
- Zu viel Ausholbewegung
- Zu offene Stellung
- Zu steif im Handgelenk beim Schlagansatz
- Schlägerfläche zu wenig oben und zu wenig nach unten gekippt
- Schlägerfläche zu flach: Ball rutscht leicht darüber
- Schlägerfläche zu steil: Ball geht schnell ins Netz

Training

Trainiert werden soll bei diesen Schlägen hauptsächlich das hohe Ausholen und der lang unterzogene Vorschwung. Diese beiden Dinge sind die wesentlichsten Merkmale beim Slice. Man soll langsam das Gefühl für die Schlägerdrehung (15–20 Grad zum Netz) bekommen. Der Schläger wird nach hinten gekippt durch eine Drehung in Elle und Speiche (im Unterarm). Zunächst vor dem Spiegel üben; dann auf dem Platz mit langsam ankommenden Bällen trainieren (Erlernung und Vertiefung der Bewegung).
Später sollte man schnellere Bälle spielen und dabei die Sprunghöhe des Balles immer ändern, so daß die Slice-Bewegung dauernd anders sein wird.
So ergibt sich im Laufe der Zeit das Gefühl und eine gewisse Sicherheit für diesen Schlag.
Auch beim Aufschlag kann man die Slice-Bewegung anwenden.

McMillan bei einem typisch beidhändigen Slice.

a
b
c
d
e
f
g
h
i
j
k
l
m
n
o
p

Aufschlag-Slice (Bildreihe):
a Ausgangsstellung.
b–c Beginn der Schwungphase: Gewichtsverlagerung auf das hintere Bein.
d Schwungphase mit Beginn des Ballwerfens.
e–i Schwungphase mit Ballwerfen nach rechts.
j Beginn der Schlagbewegung und Körperstreckung: starke Gewichtsverlagerung auf das vordere Bein.
k Balltreffen oben rechts mit gestrecktem Arm und Körper.
l– n Schlagbewegung nach dem Balltreffen: das hintere Bein kommt nach vorne.
o–p Endphase der Schlagbewegung: Schläger schwingt links am Körper etwa in Kniehöhe aus.

Aufschlag-Slice

Technik

Griffhaltung Die Griffhaltung ist individuell verschieden und liegt zwischen Vorhand- und Rückhandgriff.

Stellung Die Stellung ist wie beim Grundschlag seitlich zum Netz, neben dem Mittelstrich der Grundlinie.

Ballwerfen Der Ball wird beim Rechtshänder nach **rechts** oben geworfen. Somit ergibt sich eine Ausholbewegung nach rechts oben neben dem Kopf, die durch eine Hüftdrehung nach rechts eingeleitet wird.

Schlagbewegung Die Schlagbewegung erfolgt von rechts oben nach links unten. Der Ball wird rechts über dem Kopf mit gestrecktem Körper und Arm in der Schlägermitte getroffen.

Der Schläger schwingt links neben dem Körper etwa in Kniehöhe aus. Beim Ausholen ist das Gewicht auf dem hinteren Bein, beim Schlagen wird das Gewicht stark auf den vorderen Fuß verlagert. Dieser Aufschlag springt stark nach der Seite weg und bleibt flach. Er ist vor allem auf schnellen Plätzen (Rasen-Asphalt) sehr wirkungsvoll.

Typische Fehler

- Falscher Griff
- Ballwerfen zu wenig nach rechts oben
- Führung des Schlägers nicht weit genug nach hinten
- Zu steif im Körper
- Unrhythmische Schwung- und Wurfbewegung
- Balltreffen zu weit hinter dem Körper
- Keine Seitstellung
- Treffen des Balles zu spät
- Zu hohes Ballwerfen
- Zu niedriges Ballwerfen

- Zu frühes Werfen des Balles
- Zu spätes Zuschlagen
- Treffen des Balles zu früh
- Schlechte Koordination von Wurf- und Schlagbewegung

Training

Beim Aufschlag-Slice ist vor allem das Ballwerfen nach rechts oben und ebenso die Ausholbewegung nach rechts oben neu und ungewohnt. Es wird also die Aufgabe sein, all das speziell zu trainieren. Öfteres, gesondertes Ballwerfen ist unbedingt erforderlich. Die Schwung- und Schlagbewegung mit und ohne Ball können gar nicht oft genug geübt werden.

◀ Griffhaltung und Schlägerhaltung beim Aufschlag-Slice.

Topspin

(Vorhand und Rückhand)

Technik

Der Topspin ist ein überzogener Schlag. Er ist besonders geeignet für tiefere Bälle und vor allem für Cross-Passierschläge.
Stellung und Griffhaltung wie bei den Grundschlägen.

Ausholschwung Man holt nach unten aus. Die Schlägerfläche befindet sich unter dem Handgelenk und wird etwas nach vorne gekippt. Die Drehung erfolgt wie beim Slice durch Elle und Speiche, nur in umgekehrter Bewegungsrichtung.

Balltreffen Der Ball soll sehr früh getroffen werden; ein wenig weiter vor dem Körper als bei den Grundschlägen.

Vorschwung Der Schläger soll von hinten unten nach vorne oben über den Ball gezogen werden und soll in Schulterhöhe mit nach vorne gekippter Schlägerfläche (15–20 Grad zum Netz) lange ausschwingen.
Der überzogene Ball springt hoch weg und wird nach dem Aufsprung schneller. Der Rückschläger läuft leicht in den Ball hinein und trifft dadurch den Ball zu spät. Der mit Topspin geschlagene Ball ist ebenfalls gut anwendbar als Passierball, denn durch die »Überziehbewegung« schlägt man den Ball nicht so leicht in das Aus (Sicherheit!).
Auch aus der Luft kann ein Ball mit Topspin geschlagen werden.

Typische Fehler

- Falsche Griffhaltung
- Überziehbewegung zu früh
- Zu spätes Balltreffen
- Ausholschwung zu spät
- Ausholschwung zu wenig unter dem Ball, Führungsschwung zu wenig überzogen
- Unruhige offene Stellung zum Ball

Vorhand-Topspin (Bildreihe):

a–d Ausholschwung mit nach vorne gekippter Schlägerfläche: Gewicht hinten.

e–f Vorschwung: (Schläger kommt nach unten), Gewicht vorne.

g Vorschwung: beginnende leichte Überziehbewegung mit dem Schläger nach vorne-oben.

h Balltreffen: Schlägerfläche etwas nach vorne gekippt; Handgelenk ruhig!

i– k Vorschwung mit stark nach vorne gekippter Schlägerfläche: Überziehen des Balles (typische Topspinbewegung).

a

b

c

d

e

f

g

h

i

j

k

a

b

c

d

e

f

g

h

i

j

Rückhand-Topspin (Bildreihe):
a–b Ausholschwung: Gewicht hinten.
c–f Vorschwung – Absenken des Schlägerkopfes: Gewicht vorne.
g Balltreffen vor dem Körper.
h–j Langer Vorschwung nach vorne-oben über den Ball.

a
b
c
d
e
f
g
h
i

Flugball-Topspin (Vorhand):
a–c Kurzer Ausholschwung aus dem Unterarm.
d–e Herunternehmen des Schlägers und beginnende Überziehbewegung.
f Balltreffen und Hochziehen.
g–i Starke Topspinbewegung nach vorne-oben.
Flugball-Topspin (Rückhand) wird ausgeführt wie der Rückhand-Topspin; nur mit kürzerem Ausholschwung!

Flugball-Topspin
(Vorhand und Rückhand)

Technik

Beim Volley-Topspin kommt es vor allem auf die kurze Ausholbewegung und die »Überziehbewegung« an. Der Ball wird bei diesem Schlag noch früher getroffen als beim Slice.

Typische Fehler

- Falsche Griffhaltung
- Zu spätes Balltreffen
- Zu langer Ausholschwung
- Überziehschwung fehlt
- Schulter zeigt nicht zum Netz
- Zu frühes Balltreffen
- Zu starke Schulter-Vorausbewegung vor dem Balltreffen
- Zu viel Handgelenkbewegung beim Balltreffen
- Unruhige Stellung: dadurch kein sauberes Treffen des Balles möglich
- Laufen während des Schlages

Training

Zunächst muß man sich mit der Kippbewegung des Schlägers vertraut machen.
Der Ausholschwung nach unten mit Schlägerfläche unter dem Handgelenk stellt eine wesentliche Neuerung dar und muß sehr viel trainiert werden. Die schwierigste und ungewohnteste Bewegung ist jedoch die »lange Überziehbewegung«. Wie beim Slice soll man zu Hause vor dem Spiegel die Schlägerhaltung und Bewegung ohne Ball erst einmal üben. Dann begibt man sich auf den Platz und trainiert zunächst langsame Bälle. Mit zunehmender Perfektion des Schlages ergeben sich automatisch Temposteigerung und verschiedene Variationen der Schläge.

Balltreffen beim Topspin-Aufschlag: deutlich sichtbar, wie der Schläger über dem Ball ist.

a

b

f

g

j

k

c

d

e

h

i

l

m

Aufschlag-Topspin (Bildreihe):

a Ausgangsstellung und beginnende Schwungbewegung:

b Schwungphase: Gewicht hinten.

c Schwungphase und Ballführen mit gestrecktem Arm.

d–h Schwungbewegung mit Ballwerfen nach links oben: deutlich erkennbare Gewichtsverlagerung auf das hintere Bein und nach links.

i Totale Streckung des Körpers und Beginn der Schlagbewegung.

j Schlagbewegung kurz vor dem Balltreffen: Gewichtsverlagerung auf das vordere Bein.

k–m Schlagbewegung nach dem Balltreffen von links oben nach rechts unten: Gewicht stark auf dem vorderen Fuß.

Slice-Aufschlag von Ilja Nastase:
a–b Ausholbewegung mit stark hängendem Handgelenk.
c–g Ausholen und sehr ruhiges Werfen des Balles nach oben-rechts (starkes Hohlkreuz): Gewicht hinten.
h Beginn der Schlagbewegung mit viel Dynamik!
i Schlagbewegung kurz vor dem Balltreffen: totale Streckung!
j– l Schlagbewegung nach dem Balltreffen bis zur Endphase. Schläger schwingt nach links aus; Gewicht stark auf dem vorderen Bein.

Aufschlag-Topspin

Technik

Griffhaltung Die Griffhaltung ist individuell verschieden, jedoch mehr zum Rückhandgriff tendierend.

Stellung Die Stellung ist wie beim Aufschlag seitlich zum Netz; knapp neben dem Mittelstrich der Grundlinie.

Ballwerfen Der Ball wird beim Rechtshänder nach links oben geworfen. Somit ergibt sich auch eine Ausholbewegung nach links oben neben dem Kopf, die durch eine starke Gewichtsverlagerung nach links und einer Rechtsdrehung der Hüfte eingeleitet wird.

Schlagbewegung Die Schlagbewegung erfolgt von links oben nach rechts unten.
Der Schläger schwingt rechts neben dem Körper etwa in Kniehöhe aus.
Der Ball wird **links** über dem Kopf mit gestrecktem Körper und Arm in der Schlägermitte getroffen.
Das Gewicht ist beim Ausholen nach hinten und auf die linke Seite verlagert; beim Schlagen wird das Gewicht ganz auf den vorderen Fuß gebracht.
Dieser Aufschlag springt stark nach oben weg und der Rückschläger ist meistens zu spät am Ball.

Typische Fehler

- Falsche Griffhaltung
- Ballwerfen zu wenig (nach oben) links
- Ballwerfen hinter dem Körper
- Unrhythmische Wurf- und Schwungbewegung
- Führungsschwung zu wenig von links oben nach rechts unten
- Keine Seitstellung
- Treffen des Balles zu spät
- Zu hohes Ballwerfen
- Zu niedriges Ballwerfen
- Treffen des Balles zu früh

Training

Trainiert werden muß beim Aufschlag-Topspin vor allem das Werfen des Balles nach links oben. Ebenso die starke Gewichtsverlagerung und Ausholbewegung nach links. Nur Ausdauer und Fleiß werden einem Tennisspieler zur nötigen Routine verhelfen.

Perfektionierung der Technik

Spezielle Taktikschulung und Wettkampf unter verschiedenen Bedingungen sowie Konditionstraining mit besonderer Aufgabenstellung fallen in diesen Bereich. Immer und immer wieder Sätze spielen und Wettkämpfe untereinander austragen soll die Parole sein. Das Training von noch unsicheren Schlägen und Schlagkombinationen hat den Vorrang. Die Automatisierung aller Schläge (perfekte Technik) und das geistig-schlagmäßige Beherrschen des Tennisplatzes (Taktik) in jeder Lage soll das Endziel sein.

a
b
c
d
e
f
g
h
i
j
k
l

Konditionstraining

Das athletische Tennis der heutigen Zeit stellt so hohe Anforderungen an einen Turnierspieler, daß er ohne gezieltes Konditionstraining nicht mehr auskommen kann. Zweckgymnastik, Krafttraining und Zirkeltraining werden die vorbereitende Arbeit für das Turnier und den Wettkampf sein.
Ein guter Tennisspieler (Leistungsspieler) muß folgende Voraussetzungen erfüllen:

- Beherrschen sämtlicher Grund- und Spezialschläge
- Ballgefühl und gutes Auge
- Konzentrationsfähigkeit und Spielwitz
- Kondition

Ballgefühl, Auge und Konzentrationsfähigkeit kann man bedingt schulen. Perfekte Technik und athletische Kondition können jedoch durch Fleiß und hartes Training erworben werden. Die Technik der einzelnen Schläge ist verständlich behandelt worden. Es bleibt also als letztes Kapitel noch das Konditionstraining.

Zu Kondition und Training einige grundsätzliche Bemerkungen:

Was versteht man unter **Kondition?** (Lateinisch »conditio« = Vorbedingung, Zustand, Verfassung) in unserem Fall: Vorbedingung zum Erreichen einer Leistung. Kondition drückt sich in gewissen körperlichen und seelischen Grundeigenschaften aus, nämlich physischen, motorischen und psychischen.
Die wichtigsten Bewegungseigenschaften sind:

- Kraft
- Gewandtheit
- Schnelligkeit
- Ausdauer
- Beweglichkeit

Natürlich gibt es ganz spezifische Arten dieser Bewegungseigenschaften, und in jeder Sportdisziplin kommt der einen oder anderen mehr Bedeutung zu.
Beim Tennis z. B. werden alle fast gleichermaßen gefordert.

Die **Kraft** ist besonders wichtig, denn mit ihrer Hilfe kann man sich fortbewegen oder ein Gerät bedienen. In unserem Falle den Schläger halten und in Schwung bringen.

Die **Gewandtheit** ist die Fähigkeit des Menschen, die eigenen Bewegungen zweckmäßig zu koordinieren (TPKK = Theorie und Praxis der Körperkultur). Sie befähigt uns auch, die Technik variabel, der Situation entsprechend, zweckdienlich anzuwenden und Bewegungskorrekturen vorzunehmen. Diese Eigenschaft ist beim Tennis unerläßlich und man sollte sie frühzeitig ausbilden.

Die **Schnelligkeit** ist die Fähigkeit, eine Muskelaktion mit maximaler

Carl Edvard Hedelund: Kraftanspannung und Konzentration beim Aufschlag oder Schmetterball spiegeln sich in seinem Gesicht wider. ▶

Jürgen Faßbender am Netz bei einem tiefen Rückhand-Volley.

Schnellkraft zu unterhalten (Hollmann). Um Bewegungen beim Laufen zu machen, benötigt man Schnelligkeit, beim Tennis vor allem Reaktionsschnelligkeit. Diese ist bis zu einem gewissen Grade trainierbar.

Die **Ausdauer** ist die Fähigkeit des Menschen, eine Bewegung über einen längeren Zeitraum auszuführen. Sie beruht nach allgemeiner Auffassung auf der Leistungsfähigkeit des Herz-, Kreislauf-, Atmungs- und Nervensystems einschließlich der »lokalen« Muskulatur (Nett). Langandauernde Ballwechsel, viele Spiele und lange Sätze, bei oft sehr starker Sonnenbestrahlung und Hitze, machen beim Tennis Ausdauer unbedingt erforderlich. Training, Training und wieder Training schafft die entsprechende Grundlage.

Die **Beweglichkeit** ist die hohe Funktionsfähigkeit der anatomisch-physiologischen Bewegungsanlagen (Bernett). Beweglich ist man dann, wenn man alle Gelenke, Muskeln, Sehnen und Bänder ohne Schwierigkeiten bewegen kann. Diese Beweglichkeit spielt beim Tennis eine enorm wichtige Rolle und man sollte sie durch Lockerungs- und Dehnübungen zu erreichen versuchen.
Durch das gezielte Training der oben genannten Eigenschaften können die körperlichen Voraussetzungen für das Tennisspiel geschaffen werden. Die Technik muß gesondert trainiert werden, denn eine Leistung kann nur zusammen aus Technik und Kondition erzielt werden.

Training ist die planmäßige Vorbereitung auf die persönliche Höchstleistung (TPKK). Das beinhaltet die planmäßige Vervollkommnung bestimmter Bewegungsabläufe genauso wie eine systematische Steigerung körperlicher und seelischer Reize, die zu einer optimalen Funktionstüchtigkeit des Organismus führen (Bernett). Daraus geht hervor, daß jedes Training, auch das Tennistraining, generell aus zwei Teilen besteht: dem allgemeinen und speziellen Konditionstraining und dem Erlernen der Technik.

Allgemeines Konditionstraining

Zu dem allgemeinen Konditionstraining zählt man alle Arten von Kraft-, Lockerungs- und Dehnübungen, die den Körper »fit« halten. Allroundtraining, Kräftigung der Fuß- und Beinmuskulatur, der Bauch- und Rückenmuskulatur, der Rumpf-, Arm- und Schultermuskulatur, Gleichgewichts- und Gewandtheitstraining, Training der Reaktionsfähigkeit, Ausdauer- und Beweglichkeitstraining werden darin enthalten sein.

Spezielles Konditionstraining

Das spezielle Konditionstraining wird all die Übungen beinhalten, die die beim Tennis besonders beanspruchte Muskulatur und die Gewandtheit entsprechend trainieren.
Spezielles Beintraining (Starts – Spurts) und spezielles Krafttraining für Arm- und Schultermuskulatur (Handstand, Liegestütz, Expander usw.) und Zweckübungen (Schwerathletik) werden dabei bevorzugt.

Imitationstraining

Schattentennis ohne Ball, Bewegungen ohne Ball vor dem Spiegel, Aufgaben ohne Ball, die die Bewegungen automatisieren und verfeinern helfen.

Zirkeltraining

Sinn des Zirkeltrainings ist es, vor allem diejenigen Muskelgruppen gezielt anzusprechen, die bei der jeweiligen Sportart besonders beansprucht werden. Beim Tennis sind das: die Bein-, Rücken-, Arm- und Schultermuskeln. Im Training geht man so vor, daß man im Kreis (Zirkel) durch ausgewählte Übungen der Reihe nach jede Muskelgruppe trainiert. Das Training kann mit und ohne Gerät durchgeführt werden.
Die Dosierung der Belastung kann durch Übungszeitverlängerung und häufiger Wiederholung beliebig und individuell gesteigert werden.

Aufwärmen vor dem Turnier

Wir unterscheiden im Tennis zwischen konditionellem Aufwärmen (unmittelbar vor oder während des Turniers) und technischem Aufwärmen (Einschlagen und Probieren verschiedener Schlagkombinationen).

Konditionelles Aufwärmen Lockerungs- und Dehnungsübungen, Rumpfdrehen – Rumpfseitbeugen, schwunghaftes Rumpfbeugen mit kurzen Starts und Spurts usw.

Technisches Aufwärmen Lockeres intervallmäßiges Einschlagen mit kleinen Schlagverbesserungen.

Zwei Zirkel mit Übungsvorschlägen für Beine, Arme, Schulter und Rücken.

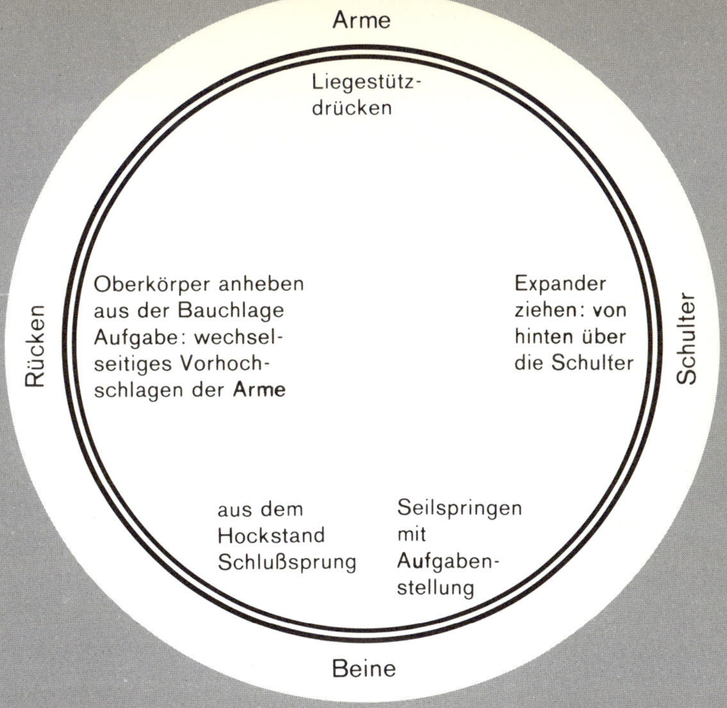
Arme
Liegestütz-
drücken
Rücken
Oberkörper anheben
aus der Bauchlage
Aufgabe: wechsel-
seitiges Vorhoch-
schlagen der Arme
Schulter
Expander
ziehen: von
hinten über
die Schulter
aus dem
Hockstand
Schlußsprung
Seilspringen
mit
Aufgaben-
stellung
Beine

Arme
Kugelstoß oder
Medizin-
ballstoß
nach oben und
wieder auffangen
Rücken
aus der Bauchlage:
Oberkörper anheben
mit einem Gewicht
Schulter
Medizinballwurf
über den Kopf
wie beim
Fußballeinwurf
Springen in
der tiefen
Hocke
Spurt am
Ort mit
Sandsack
Beine

Taktik im Tennis

Faßbender/Pohmann (Deutschland) spielen im Doppel gegen die Engländer Lloyd/Taylor. Eine typische Doppelsituation: alle 4 Spieler sind am Netz!

Taktik ist: planvoller Einsatz gegebener Kräfte zur Erreichung eines Zieles unter gegebenen Umständen (Gegner, derzeitige Lage).
Auf Tennis übertragen bedeutet das: planvolles, zielstrebiges Gestalten eines Spieles und kluges Verhalten. Ein guter Taktiker muß also die Fähigkeit besitzen, sich sofort auf seinen Gegner einzustellen und geschickt jede Lage auszunützen. Großes, technisches Eigenkönnen ist natürlich unbedingte Voraussetzung.

Allgemeine taktische Grundsätze

- Konditionelle und technische Vorbereitung
- den Gegner beobachten; seine Schwächen aufdecken und ausnützen
- den Ball halten und den richtigen Zeitpunkt für den Angriff abwarten
- durch plazierten Aufschlag oder harte Grundlinienschläge möglichst rasch in Flugballposition nahe am Netz gelangen
- nicht blind und unvorbereitet an das Netz gehen
- dem Gegner vor die Füße spielen, damit er den Ball heben muß
- Tempovariation, den Gegner aus dem Schlag bringen
- eventuelle Wetterunpäßlichkeiten einkalkulieren und beachten

Taktik auf Rasen oder Hartplatz

Da der Ball auf solchen Plätzen nach dem Aufsprung sehr schnell wird und leicht die Möglichkeit besteht, daß man zu spät am Ball ist, versucht man, auf schnellen Plätzen möglichst den Ball aus der Luft zu nehmen. Gute Aufschläger und sichere Netzspieler werden hier immer im Vorteil sein.

Taktik auf Aschenplatz

Nachdem hier der Platz nicht unbedingt zur Temposteigerung beiträgt, ist es Sache des Spielers, dafür etwas zu tun. Schnelle, plazierte Grundlinienschläge sind die Voraussetzung dafür, daß er an das Netz kommen und so den Ball leichter töten kann. Verfügt ein Spieler nicht über die entsprechende Sicherheit und Härte in seinen Schlägen, so besteht für ihn auf dem Aschenplatz kaum eine Chance, an das Netz zu gelangen, ohne passiert zu werden.

Allgemeine Taktik beim Einzel

Für den Angreifer Der Angreifer hat die Aufgabe, mit langen, getriebenen Bällen die schwache Seite des Gegners anzuspielen. Er soll nach guter Vorbereitung versuchen, so schnell wie möglich an das Netz zu gelangen. Ein schneller und plazierter Aufschlag und gekonntes, scharfes Netzspiel werden demnach beim Angriffspiel entscheidend zum Erfolg beitragen.

Für den Verteidiger Für den Verteidiger ist es wichtig, daß er einen sicheren Return bringt, auch wenn dabei die Härte und Schnelligkeit der Schläge eine Einbuße erleidet. Er muß mit weichen, plazierten Cross- oder Hochbällen dem angreifenden, an das Netz stürmenden Spieler entgegentreten.

Bei Wind Bei Wind soll man den Ball möglichst bald direkt spielen. Dadurch verliert der Wind an Einfluß, denn der Ball fliegt nicht so lange.

Bei starker Sonne Entweder ist man in der Lage, ein schnelles Spielende herbeizuführen, oder man muß, wenn der Gegner zu stark ist, seine Kräfte ökonomisch einteilen.

Bei Feuchtigkeit Der Boden wird schmierig und der Ball wird dadurch nach dem Aufsprung schneller. Es besteht Rutschgefahr! Diese Umstände müssen eingeplant werden. Eine taktische Umstellung ist notwendig. Die Taktik für schnellere Plätze wird auch hier ihre Anwendung finden.

Boro Jovanovic bei einem Rückhandflugball: Deutlich erkennbar, wie er sich auf den Ball konzentriert.

Dunlo

Bungert und Kuhnke greifen im Doppel an und stehen auf gleicher Höhe am Netz, bereit zum Flugballspiel.

Taktik beim Doppel

Aufschläger Der stärkere Aufschläger übernimmt grundsätzlich das erste Service. Der Aufschläger steht an der Grundlinie etwa 1–1½ m vom Mittelstrich entfernt, sein Partner innerhalb des eigenen Aufschlagfeldes ungefähr 2 m vom Netz entfernt. Der Aufschläger soll immer bemüht sein, auf die schwächere Seite seines Gegners zu servieren. Möglichst in die Nähe der Mittellinie, denn von innen hat der Gegner wenig Möglichkeiten für den Rückschlag. Nach dem Aufschlag muß er versuchen, sobald es die Lage erlaubt, nach vorne auf gleiche Höhe des Netzspielers zu kommen, um so gemeinsam (Teamwork), ohne daß eine zu große Lücke entsteht, angreifen zu können.

Rückschläger Der Rückschläger spielt den Ball cross (quer) oder hoch über den gegnerischen Vorderspieler und sucht eine Gelegenheit, um nach guter Vorbereitung zu seinem Vordermann aufzurücken, der auf der eigenen Aufschlaglinie steht. Dann gehen beide gleichzeitig vor und bauen so den Angriff auf. Plazierter und harter Aufschlag sowie sicheres gekonntes Netzspiel sind die Grundlagen für ein erfolgreiches Angriffs-Doppelspiel. Für die Verteidigung haben sich erfahrungsgemäß weiche Crossbälle sowie Lob-Bälle als zweckmäßig und richtig erwiesen. Im Vorteil wird immer das Paar sein, das zuerst eine günstige Netzposition erreicht.

Vorteile des Netzspieles Der Weg des Balles wird kürzer; dadurch ist man schneller am Ball und der Gegner wird so unter Zeitdruck gesetzt.
Möglichkeit, den Ball von oben nach unten zu spielen; somit leichteres, besseres Plazieren des Balles.
Der Gegner wird gezwungen, den Ball anzuheben, wodurch dieser wesentlich langsamer wird.
Man kann den Winkel des Balles abschneiden.
Gegner muß sich auf den Ball und den Netzspieler beim Return konzentrieren.
Jeder Ball, der nicht aufspringt und nicht mehr der Bodenreibung ausgesetzt ist, ist ungefährlicher, auch wenn er sehr viel Schnitt hat.

Schwerpunkte beim Aufschlag

- Länge
- Härte
- Schnitt
- Plazierung

Tips für Tennisverletzungen

Etwa 35–40% aller gewonnenen Punkte erzielt ein Klassespieler durch seinen Aufschlag.
Ein guter Aufschlag besteht im allgemeinen zu 50% aus Plazierung, 30% aus Härte und 20% aus Schnitt.
In Fachkreisen heißt es nicht umsonst: »Ein guter Aufschlag ist das halbe Match«. Ein sicherer Aufschläger hat immer große Vorteile gegenüber einem schwachen Aufschläger.
Zum Abschluß noch ein paar oberste taktische Regeln:

- Konzentration
- Reaktion und blitzschnelles Erfassen einer Situation
- Kühlen Kopf behalten
- Eigenes Spiel aufbauen
- Das Spiel des Gegners nicht aufdrängen lassen
- Frühzeitiges Beobachten des Gegners und des Balles
- Bei wichtigem Spielstand unbedingte Konzentration und unter allen Umständen versuchen, den Punkt zu machen.

Tennisellenbogen

Ellenbogenkrankheiten sind eine typische und häufige Erkrankung beim Tennisspieler. Bei Ausführung der für diese Sportart kennzeichnenden Bewegung des Armes schließt sich der Beugung des Unterarmes eine extreme, vom Oberarm-Muskel herbeigeführte Streckung unter Drehung des Unterarmes an, was vor allem nach Rückhandschlägen die Ansätze der Streckmuskulatur und den äußeren Gelenkknorren überlastet. Infolge häufiger Drehbewegungen der Hand in Greifhaltung kommt es häufig zu einer Überbelastung im Ellbogengelenk. Die dabei einsetzenden Entzündungsprozesse bringen schließlich krankhafte Veränderungen am Bindegewebe mit sich, das ungenügend vernarbt, weil dadurch die bindegewebsbildenden Zellen nicht so rasch erneuert werden. Es treten zunächst leichte, später immer stärkere Schmerzen in der Unterarmmuskulatur und im äußeren Gelenkknorren auf, ja es kann sogar bis zu einer totalen Bewegungsunfähigkeit kommen.

Befunde: mäßige Schwellung im Bereich des äußren Gelenkknorrens, starker Schmerz bei Druck auf den Gelenkfortsatz, Schmerzen bei aktiver Streckung von Hand und Unterarm und beim aktiven Auswärtsdrehen des Unterarmes bei fast gestrecktem Ellenbogengelenk.

Behandlung: Zunächst durch Wärme und Anwendung entzündungshemmender Salben; hilft das nicht mehr, empfiehlt sich Ruhigstellung und Einnahme oder Injektion schmerzstillender, entzündungshemmender und bindegewebeaufbauender Mittel. In schwierigen Fällen Ruhigstellung durch Gipsverband auf längere Dauer. Bei besonders schlimmen Fällen Operation der Sehnen, die am äußeren Gelenkknorren ansetzen.

Tennisarm

Beim Tennisarm handelt es sich um eine durch Entzündungen hervorgerufene Erkrankung, die durch Schwellung und Schmerz gekennzeichnet ist. Sie tritt vor allem im Bereich des zur tiefen Schicht der Streckmuskulatur des Unterarmes zählenden Auswärtsdrehers und im Bereich der mittleren Streckmuskeln der Handwurzel auf.

Therapie: Ruhigstellung mit Behandlung entzündungshemmender Salben.

Sehnenscheidenentzündung

Eine typische Tennisspielerkrankheit ist auch die Sehnenscheidenentzündung des langen Muskelkopfes des zweiköpfigen Armmuskels (Bizeps). Es handelt sich hier um eine krankhafte Veränderung, die auf zahlreichen Kleinstverletzungen im Bereich des Sehnenansatzes des zweiköpfigen Armmuskels beruht. Dadurch verhärtet sich dort der Muskel, er wird schmerzempfindlich und enthält vermehrt Bindegewebsflüssigkeit.

Behandlung: Bei Ruhigstellung, Rotlicht und Verwendung entzündungshemmender Salben tritt eine baldige Besserung ein. Aus eigener Erfahrung kann ich ein lockeres Weiterspielen mit verschiedenen Schlägergriffen empfehlen, da dadurch die Verkrampfung der Muskulatur und die Spannung der Sehnen weitgehend herabgesetzt wird, wodurch die Entzündung schneller abklingen kann.

Tennisferse

Diese Schädigung tritt häufig bei Spielern auf, die mit unzureichendem Schuhwerk auf hartem Boden spielen. Die Beschwerden erfassen den mittleren Teil der Ferse. Es handelt sich um eine Verletzung der hinteren Sehnenplatte und der Muskelansätze am Fersenbeinhöcker.

Behandlung: Durch Einnehmen schmerzstillender Mittel und örtlicher Behandlung mit entzündungshemmenden Salben kann eine rasche Erleichterung erzielt werden.

Prellung der Mittelhand

Durch ständige Druckeinwirkung kann es beim Tennis zur Veränderung der Knochensubstanz der Hand kommen. Sie entwickelt sich an der Basis des zweiten und dritten Mittelhandknochens, wo die Streckmuskeln ansetzen. Hier führt eine dauernde Druckreizung zur Ablösung der Knochenhaut und teilweise auch von Teilen des Gelenkknorpelüberzugs, wodurch die darunterliegende Knochensubstanz sich verändert. Es tritt eine derbe, etwas schmerzende Schwellung auf, die man durch kurzzeitige Tennispause abheilen sollte, da sie sich sonst zu einer dauerhaften Bewegungsbehinderung ausweiten kann.

Zählweise beim Tennis

Arthur Ashe: Er erwartet in typischer Grundstellung und voll konzentriert einen Aufschlag.

Die Zählweise beim Tennisspiel kommt aus dem Englischen. Man bewertet nach Punkten, Spielen und Sätzen. Nach den Wettkampfbestimmungen des deutschen Tennisbundes gelten dafür folgende Regeln:
Gewinnt ein Spieler den ersten Punkt, so zählt dies 15 zu seinen Gunsten; gewinnt er den zweiten Punkt, so zählt dies 30 zu seinen Gunsten; gewinnt er den dritten Punkt, so zählt dies 40 zu seinen Gunsten; gewinnt er auch den vierten Punkt, so hat er das Spiel gewonnen, mit nachstehenden Ausnahmen:
Wenn beide Spieler drei Punkte gewonnen haben, so wird dies als Einstand bezeichnet; der nächste von einem Spieler gewonnene Punkt zählt als Vorteil zu seinen Gunsten. Gewinnt derselbe Spieler den nächsten Punkt, so gewinnt er das Spiel; gewinnt aber der andere Spieler den nächsten Punkt, so wird dies wieder als Einstand bezeichnet und so fort, bis einer der Spieler zwei auf Einstand folgende Punkte hintereinander gewinnt, in welchem Falle er das Spiel gewonnen hat.
Derjenige Spieler, welcher zuerst sechs Spiele gewinnt, hat den Satz gewonnen, mit folgenden Ausnahmen:
Haben beide Spieler fünf Spiele gewonnen, so wird fünf beide gezählt; das nächste Spiel, welches einer der Spieler gewinnt, wird als Vorteilspiel zu seinen Gunsten gezählt. Gewinnt derselbe auch das nächste Spiel, so hat er den Satz gewonnen. Gewinnt der andere Spieler das nächste Spiel, so wird wieder sechs beide gezählt und so fort, bis einer der Spieler zwei Spiele mehr als sein Gegner gewinnt, in welchem Falle er den Satz gewonnen hat.
Die Spieler wechseln die Seiten nach jedem ersten, dritten und jedem folgenden ungeraden Spiel eines jeden Satzes und am Ende eines jeden Satzes, außer wenn die Gesamtzahl der Spiele in diesem Satz

eine gerade ist, in welchem Falle der Wechsel erst nach dem ersten Spiel des nächsten Satzes stattfindet.

Praktisches Beispiel

Spieler A ist Aufschläger, Spieler B ist Rückschläger. Spieler A hat den ersten Punkt gewonnen: somit heißt es 15:0. Rückschläger B hat den nächsten Punkt gemacht: es steht 15:15 oder 15 beide. Aufschläger A hat den darauffolgenden Ball verschlagen: Spielstand 15:30. Aufschläger A hat wiederum einen Fehler begangen: Ergebnis 15:40. Würde jetzt B den nächsten oder übernächsten Punkt für sich entscheiden, so hätte er dieses Spiel gewonnen. Macht jedoch A den nächsten Punkt, so steht es 30:40; gewinnt er auch noch den folgenden Ballwechsel, so lautet der Spielstand 40:40 (Einstand). Jetzt tritt der Fall ein, wo so lange weitergespielt werden muß, bis einer der beiden Spieler zwei Punkte nacheinander für sich gebucht hat. Das gleiche gilt auch für einen Satzgewinn.

Beispiel Zwischen A und B steht es im Satz 4:4. Aufschläger A verliert das nächste Spiel, so heißt es 4:5 für B. Gewinnt A das darauffolgende Spiel, dann ist wieder Gleichstand 5:5. Es wird so lange weitergespielt, bis entweder Aufschläger A oder Rückschläger B zwei Spiele nacheinander zu seinen Gunsten entscheiden kann. Ein Wettkampf (Match) ist dann zu Ende, wenn ein Spieler 2 oder 3 Sätze gewonnen hat.
Nach den internationalen Regeln gibt es nämlich den Zwei-Satzkampf (best of three) und den Drei-Satzkampf (best of five); d. h. einmal reichen zu einem Matchgewinn 2 gewonnene »Sätze«, zum anderen sind unbedingt 3 gewonnene Sätze erforderlich.
Dreisatzgewinn ist bei internationalen Veranstaltungen (Wimbledon – Daviscup – internationale Meisterschaften jeder Art) Vorschrift!
Zweisatzgewinn ist bei sonstigen Turnieren und Wettkämpfen (Oberliga – Gruppenliga – kleinere Turniere) üblich.
Weitere Einzelheiten sind in den Wettkampfbestimmungen der Internationalen Lawn Tennis Federation (I. L. T. F.) nachzulesen.

»Tie-Break«-Regel

Die Verbandssportwarte des DTB haben beschlossen, bei allen Turnieren, wo der »Tie-Break« gestattet wird, die Wimbledon-Version zu empfehlen. Dabei ist es gleichgültig, ob der sogenannte »Spiel-Brecher« bei 6:6 oder 8:8 zur Austragung kommt.
Der »Tie-Break« verläuft wie folgt:
»Bei einem Satzstand von 6:6 Spielen gewinnt der Spieler, der zuerst sieben Punkte holt, das 13. Spiel und den Satz unter der Voraussetzung, daß er zwei Punkte Vorsprung erzielt. Kommen beide Spieler auf je sechs

Punkte innerhalb des 13. Spiels, wird dieses Spiel solange fortgesetzt, bis ein Spieler – vom Punktgleichstand aus gerechnet – zwei Punkte hintereinander gewinnt.«
Im Tie-Break-Spiel werden die Punkte numerisch gezählt, also etwa 1:0, 2:0, 2:1, 3:1 usw. Der Spieler, der ohnehin mit dem Aufschlag an der Reihe ist, serviert für den ersten Punkt; sein Gegner schlägt dann zum zweiten und dritten Punkt auf. Danach haben beide Spieler abwechselnd zweimal hintereinander Aufschlag, bis der Gewinner des Spiels und damit des Satzes feststeht.
Der Aufschlag erfolgt abwechselnd von der rechten und der linken Seite der Grundlinie in fortlaufender Reihenfolge ungeachtet der Aufschlagwechsel. Begonnen wird rechts.
Ein Seitenwechsel ist nach jeweils sechs Punkten und nach Beendigung des Tie-Break-Spiels vorzunehmen.
Das Tie-Break-Spiel wird in bezug auf die Ausgabe neuer Bälle als ein Spiel gewertet.
Der Spieler (beim Doppel: die Spieler), der als erster im Tie-Break-Spiel aufgeschlagen hat, wird Rückschläger im ersten Spiel des folgenden Satzes.
Für das Doppel finden die Bestimmungen des Einzels Anwendung. Der am Aufschlag befindliche Spieler serviert zum ersten Punkt. Dann schlägt jeder Spieler nacheinander zweimal auf, und zwar in der gleichen Reihenfolge wie zuvor im gleichen Satz, bis die Gewinner des Spiels und damit des Satzes ermittelt sind.

Schlußtips

Bevor ich Sie nun dem Spiel mit dem weißen Ball überlasse, möchte ich noch folgenden wichtigen, abschließenden Hinweis geben: Man kann sehr häufig auf allen Tennisplätzen beobachten, daß viele Spieler auf den Platz gehen und sofort harte und schnelle Bälle schlagen, als ob sie sich schon eine halbe Stunde eingeschlagen hätten. Das ist falsch und grundsätzlich abzulehnen. Mein Tip: Die ersten Minuten langsame, saubere Bälle schlagen und dabei den Körper aufwärmen. Die Armmuskulatur soll beim Einschlagen locker gemacht werden, die Bewegung des Armes und des Körpers soll langsam und ordentlich ausgeführt werden, damit man den Schwung von Anfang an unter Kontrolle hat. Man soll langsam den Ball erfühlen und den richtigen Treffpunkt finden. Man soll, wie man so schön zu sagen pflegt, erst das richtige Gefühl für Schläger und Ball bekommen, und zu einer reibungslosen Koordination finden. Hat man das richtige »Timing«, dann kann und soll man steigern; d.h. schneller und plazierter schlagen und allmählich zu dem Spiel finden, das nachher zum Match notwendig ist. So machen es auch die ganz Großen.